Kuchen- und Tortenträume, die Sie begeistern werden!

Liebe Bäckerinnen und Bäcker!

Es ist kalt und drinnen duftet es nach Kaffee und Frischgebackenem, schöner kann ein Sonntag wirklich nicht sein...

In diesem Buch finden Sie einen weiteren Teil meiner Lieblingsrezepte, die ich ebenfalls alle erprobt und auf den Wundertopf TM 31 umgeschrieben habe. Natürlich können sie mit ein bisschen mehr Zeitaufwand auch wieder ohne den Wundertopf zubereitet werden.

Auf den nächsten Seiten sowie auf verschiedenen Fotoseiten finden Sie ein paar wichtige Tipps und Tricks, die Sie bitte durchlesen sollten.

Ich wünsche Ihnen viel Spaß beim Ausprobieren der Rezepte und natürlich einen guten Appetit!

Viele liebe Grüße

Christine Haas

Impressum:

Autorin und
Herausgeberin: Christine Haas©
Rosenweg 19
85134 Stammham
Tel. 08405 913996
e-mail: Haas-Ch@web.de

(6. Auflage)

Bei Fragen, Anregungen etc. dürfen Sie sich natürlich gerne an mich wenden. Ich freue mich auf Ihren Anruf bzw. Ihre Mail!

Druck: Beck – Druckerei und Verlag
94315 Straubing
Tel. 09421 84240

Anmerkungen, Tipps und Tricks:

Die Zutaten sind in „fetter" Schrift geschrieben, so müssen Sie das Rezept für den **Einkauf der Zutaten** nur schnell überfliegen. Bitte lesen Sie das **gesamte Rezept** durch, bevor Sie mit der Verarbeitung beginnen.

Abkürzungen:

↶	Linksstufe	geh.	gehäuft
EL	Esslöffel	B.	Becher
TL	Teelöffel	P.	Päckchen
Pr.	Prise	W.	Würfel

Die **Backzeit** ist jeweils nur ein Richtwert, da jeder Ofen anders bäckt. Ich backe alles mit **Ober- und Unterhitze, unterste Schiene** und heize meist ab Beginn der Zubereitung vor. Mein Ofen ist jedoch einer von der „schnellen Sorte".
Zur Sicherheit die **Stäbchenprobe** machen: Nach Ende der Backzeit, vor dem Herausnehmen des Kuchens, ein Schaschlikstäbchen in mind. zwei Stellen des Kuchens stecken; bleiben keine Teigspuren haften, ist er durchgebacken.

Zum **Schlagen von Eiweiß** muss der Mixtopf ganz trocken und fettfrei sein.

Zum **Schneiden von Torten** das Messer immer in heißes Wasser tauchen.

Die **Früchte** können Sie natürlich je nach Geschmack beliebig austauschen.

Anmerkungen, Tipps und Tricks:

Für das **Zerkleinern der Äpfel** sind Circa-Angaben vermerkt, da die Äpfel eine unterschiedliche Beschaffenheit haben. Es empfiehlt sich, zwischendurch zu überprüfen, ob sie klein genug sind. Ich verwende meist gelagerte Äpfel aus dem Garten, die etwas weicher und nicht mehr so saftig sind; bei sehr saftigen die Menge evtl. reduzieren.

Gelatine: Scheuen Sie Torten mit Gelatine? Das muss nicht sein, denn die Zubereitung ist ganz einfach. Ich persönlich bevorzuge Pulvergelatine, die Sie aber auch durch Blattgelatine ersetzen können.

1 P. (= 3 TL) Pulvergelatine = 6 Blatt Gelatine

Tipp: Das Pulver rühre ich zum Quellen mit 2 EL Wasser weniger als angegeben an und gebe dafür zum Auflösen der Gelatine noch 2 EL heißes Wasser dazu. Somit löst sich die Gelatine schneller auf. Das Wasser darf nicht kochen!

Gibt man **Gelatine** in eine heiße Masse, muss sie vorher nicht im Wasserbad aufgelöst werden.

Sahne schlage ich immer mit dem Handmixer, deshalb habe ich keine Einstellung angegeben. Sie können sie natürlich auch nach Vorschrift im Wundertopf zubereiten.

Anmerkungen, Tipps und Tricks:

Für alle, die **keinen Wundertopf** haben: Steht im Rezept nichts anderes dabei, gemahlene Nüsse, Mandeln und Schokolade verwenden. Marzipan, Karotten und Äpfel raspeln und Bananen zerdrücken. Mit dem Wundertopf hat man u. a. den Vorteil, dass man sie beim Teigrühren gleich zerkleinern kann. Wird **Zucker** gemahlen, einfach **Puderzucker** verwenden. **Flüssigkeiten** sind jeweils in **Gramm** angegeben, diese einfach nur in **ml** umwandeln. Bei der Angabe von **10 g** (z.B. Kakao, Rum) ca. **1 EL** verwenden.

Meistens verwende ich **selbst gemachten Frischkäse:** 250 g Butter, 1 B. Schmand, 500 g Magerquark, 3/4 TL Salz; 6 Min. / 70° / Stufe 4.

Legen Sie zum **Verzieren von Sahnetorten** etwas Backpapier um die Torte, somit bleibt die Platte sauber.

Backpapier verrutscht nicht, wenn Sie es mit etwas Butter oder Margarine am Blech fixieren.

Steht im Rezept: **Nur mit dem Spatel unterheben**, eignet sich hierfür am besten ein gewöhnlicher Silikonspatel.

Sterne für die Amaretto-Kuppeltorte: Sterne oder Motive nach Wahl aus Pergament- oder Backpapier ausschneiden, auf die Torte legen, mit Kakao bestäuben und das Papier wieder abziehen.

Amaretto-Käsekuchen

Käsekuchen: ein heißgeliebter Klassiker raffiniert abgewandelt; genau das Richtige für Amaretto-Liebhaber!

Damit bringen Sie garantiert Abwechslung auf Ihre Kaffeetafel!

Mürbteig:
120 g Margarine, 80 g Zucker,
1 P. Vanillezucker, 1 Ei,
170 g Mehl, 2 TL Backpulver
in den Mixtopf geben und
verarbeiten. 40 Sek. / Stufe 5

Den sehr weichen Teig in eine gefettete Springform streichen.

Belag:
250 g Mascarpone, 500 g Mager-
quark, 180 g Zucker, 5 Eier,
60 g Amaretto, 1 P. Vanille-
puddingpulver in den Mixtopf
geben und cremig rühren. 30 Sek. / Stufe 5

Die Masse auf dem Teig verteilen. Mit **40 g Mandelblättchen** bestreuen und backen.

Backzeit: 180°, ca. 55 Min.

Amaretto-Kuppeltorte

Biskuitteig:
60 g Mandeln in den Mixtopf
geben, mahlen und umfüllen. 10 Sek. / Stufe 10

Rühraufsatz einsetzen,
4 Eier, 170 g Zucker, 50 g lauwarmes Wasser in den Mixtopf
geben und cremig rühren. 3 Min. / Stufe 3
100 g Mehl, 2 TL Backpulver, die gemahlenen Mandeln
dazugeben und unterheben. 15 Sek. / Stufe 3

Den Teig in eine gefettete Springform geben und backen. / Backzeit: 180°, ca. 15 - 20 Min.

Belag:
2/3 vom Boden als Deckel abschneiden und beiseite legen. Glasschüssel (ca. 2 l, Ø 23 cm) als Maß nehmen. Restlichen Boden und übrigen Rand in 1 cm große Würfel schneiden und mit **3 EL Amaretto** tränken. Schüssel mit Frischhaltefolie auslegen.

1 P. Pulvergelatine mit **4 EL kaltem Wasser** verrühren und 10 Min. quellen lassen. **2 B. Sahne** schlagen.

100 g Zartbitterschokolade in
Stücken in den Mixtopf geben
und schmelzen. 3 Min. / 60° / Stufe 2
250 g Mascarpone, 70 g Zucker,
150 g Crème fraîche, 40 g gehackte
Mandeln, 20 g gehackte Pistazien,
50 g Amaretto dazugeben
und cremig rühren. 20 Sek. / ↺ / Stufe 3
Gelatine im Wasserbad auflösen.
Gerät einstellen auf 15 Sek. / ↺ / Stufe 3
Gelatine durch die Deckelöffnung
langsam zugeben. Die geschlagene
Sahne dazugeben und unterheben,
Spatel dabei verwenden. ca. 20 Sek. / Stufe 4 - 5
Biskuitwürfel dazugeben und vorsichtig mit einem Spatel unterheben. Am besten eignet sich ein Silikonspatel.

Masse in die Schüssel streichen, den Deckel mit **2 EL Amaretto** tränken, darauf geben und andrücken. Über Nacht kalt stellen. Kuppel stürzen und mit **1 B.** geschlagener **Sahne** bestreichen (Sterne siehe Seite 5). Mit **Kakao** und **gehackten Pistazien** garnieren.

Ananas-Joghurt-Torte

Diese Torte schmeckt nach Sonne und Urlaub! Fruchtiges mit Joghurt und Sahne. Hier ist Ihnen ein dickes Lob sicher!

Biskuitteig: Rühraufsatz einsetzen,
4 Eier, 150 g Zucker,
1 P. Vanillezucker in den Mixtopf geben und cremig rühren. 3 Min. / Stufe 3
150 g Mehl, 2 TL Backpulver
dazugeben und unterheben. 10 Sek. / Stufe 3

Den Teig in eine gefettete Springform geben und backen. / Backzeit: 180°, ca. 20 Min.

Füllung:
1 P. Pulvergelatine mit **4 EL kaltem Wasser** verrühren und 10 Min. quellen lassen.

2 B. Sahne schlagen.

300 g Joghurt (3,5 %), 50 g Zucker, 50 g Kokosflocken in den Mixtopf geben und verrühren.	5 Sek. / Stufe 3
Gelatine im Wasserbad auflösen.	
Gerät einstellen auf	20 Sek. / Stufe 3
Gelatine durch die Deckelöffnung langsam zugeben.	
Die geschlagene Sahne dazugeben und unterheben.	15 Sek. / Stufe 4

Den erkalteten Boden waagrecht halbieren. Den unteren Boden mit einem Tortenring umschließen.

1 kleine Dose Ananas (565 g) gut abtropfen lassen und bis auf 12 Stück zum Verzieren klein schneiden. Die Hälfte davon auf dem Boden verteilen. Die Hälfte der Creme darauf streichen und mit dem zweiten Boden bedecken. Restliche Ananas auf den Boden geben und übrige Creme darauf glatt streichen.

Über Nacht kalt stellen.

Mit **Kokosflocken** bestreuen, mit Ananas und **Dekorblättern** garnieren.

Ananas-Sahne-Torte

Schmeckt mit zwei verschiedenen Böden auch sehr gut! Von diesem Boden nur die Hälfte nehmen und zusätzlich noch einen dunklen Boden backen (siehe Tiramisu-Torte). Je nach Geschmack evtl. 1 B. Sahne mehr verwenden.

Biskuitteig:

140 g Mandeln in den Mixtopf geben, mahlen und umfüllen. 10 Sek. / Stufe 10

Rühraufsatz einsetzen,
6 Eiweiß in den Mixtopf geben, schlagen und umfüllen. 2 Min. / Stufe 4

Rührauf satz einsetzen,
6 Eigelb, 50 g lauwarmes Wasser,
180 g Zucker in den Mixtopf
geben und cremig rühren. 4 Min. / Stufe 3
140 g Mehl, 30 g Speisestärke,
20 g Kakao, 1 P. Backpulver,
die gemahlenen Mandeln, den
Eischnee dazugeben und
unterheben. ca. 15 Sek. / Stufe 3

Den Teig in eine gefettete Springform geben und backen.

Backzeit: 180°, ca. 30 Min.

Den erkalteten Boden 2 x waagrecht durchschneiden und die unteren beiden Böden mit **4 cl Rum** tränken.

Füllung:
1 Dose Ananas (565 g) abtropfen lassen und bis auf ein paar Stücke zum Verzieren klein schneiden.

4 B. Sahne mit **1 P. Sahnesteif, 1 P. Vanillezucker** und **1 EL Puderzucker** schlagen. 2/3 davon mit den klein geschnittenen Ananas vermischen und die Torte damit füllen. Mit der restlichen Sahne verzieren und mit Ananasstücken und **Dekorblättern** garnieren.

Über Nacht kalt stellen und durchziehen lassen.

Apfel-Heidelbeerkuchen

Duftender Quarkteig mit saftigem Obst... einfach unwiderstehlich lecker!

Servieren Sie diesen Kuchen ganz frisch aus dem Ofen mit geschlagener Sahne.

Evtl. zu den Streuseln einen $\frac{1}{2}$ TL Zimt geben.

Der Mixtopf muss dazwischen nicht gespült werden.

Quark-Öl-Teig:
150 g Magerquark, 70 g Milch, 60 g Öl, 75 g Zucker, abgeriebene Schale einer unbehandelten Zitrone, 1 Pr. Salz, 300 g Mehl, 1 P. Backpulver in den Mixtopf geben und verkneten. 30 Sek. / Stufe 6

Den Teig auf einem gefetteten Blech (ca. 30 x 40 cm) mit Backrahmen ausrollen.

Belag:
Ca. 650 g geschälte Äpfel (vorbereitet gewogen) in Scheiben schneiden und den Teig damit belegen.

1 Glas Heidelbeeren (370 ml) gut abtropfen lassen und auf den Äpfeln verteilen.

Streusel:
60 g Margarine, 90 g Mehl, 60 g Zucker, 1 Pr. Salz
in den Mixtopf geben und verarbeiten. 10 Sek. / Stufe 6

Die Streusel über das Obst geben und backen.

Backzeit: 180°, ca. 30 - 35 Min.

Apfelmus-Mohnkuchen

Ein Apfelkuchen wie aus dem Paradies. Man kann aber auch sagen: Der schmeckt wie bei Mama!

Den haben die Michaela und ich als Kinder schon so gerne gegessen. Raus aus dem Ofen, kurz abkühlen lassen und rein in den Mund!

Quark-Öl-Teig:
250 g Magerquark, 120 g Zucker,
1 P. Vanillezucker, 90 g Öl,
90 g Milch, 450 g Mehl,
1½ P. Backpulver in den Mixtopf geben und verkneten. 40 Sek. / Stufe 5

Den Teig auf ein gefettetes Blech (ca. 30 x 40 cm) mit Backrahmen geben.

Belag:
1,2 kg Apfelmus (Menge je nach Geschmack) darauf verteilen und glatt streichen.

Mit ca. **30 g Mohn** (ganze Körner) bestreuen und backen.

Backzeit: 180°, ca. 30 Min.

Apfel-Weintorte

Saftig, süß und so köstlich, eine Apfeltorte, die Sie begeistern wird!

Am besten 2 Tage durchziehen lassen!

Anstelle von Weißwein verwende ich meistens halb Apfelsaft, halb Weißwein oder nur Apfelsaft bzw. Orangensaft. Einfach ausprobieren, es schmecken alle Varianten sehr gut.

Äpfel schälen und schneiden mag ich gar nicht gerne, gut dass ich so einen tollen Service von meiner Mama habe, ich hole sie vorbereitet bei ihr ab, oder lasse sie mir gleich bringen.

Der Mixtopf muss dazwischen nicht gespült werden.

Mürbteig:
150 g Margarine, 1 Ei,
150 g Zucker, 1 P. Vanille-
zucker, 300 g Mehl,
2 TL Backpulver in den Mix-
topf geben und verkneten. 40 Sek. / Stufe 5

Den Teig in eine gefettete Springform geben und einen Rand hochziehen.

Füllung:
1 kg (vorbereitet gewogen) ge-
schälte und in Viertel geschnittene
Äpfel in den Mixtopf geben, mit
Hilfe des Spatels zerkleinern und
auf den Teig geben. ca. 5 Sek. / Stufe 4 - 5

Pudding:
750 g Weißwein, 150 g Zucker,
2 P. Vanillepuddingpulver in
den Mixtopf geben und kochen. 8 Min. / 90° / Stufe 3

Den heißen Pudding über die Äpfel gießen und backen.

Backzeit: 180°, ca. $1\frac{1}{4}$ Std.

Den Kuchen über Nacht in der Form auskühlen lassen.

2 B. geschlagene **Sahne** darauf verstreichen und mit **Kakao** bestäuben.

Aprikosen-Schmandkuchen

Die besten Sommerkuchen backen Sie mit leckeren Früchten und feinen Zutaten!

Haben Sie keine Form für das Gitter: Einfach mit einem Rädchen Streifen herstellen und diese gitterförmig auf den Kuchen legen. Oder den Teig in kleine Stücke zupfen und auf dem Belag verteilen.

Käsekuchen nach dem Backen immer ganz auskühlen. Das kann bis zu 8 Stunden dauern. Erst dann sind sie fest genug zum Anschneiden und schmecken besonders aromatisch.

Mürbteig:
300 g Mehl, 10 g Kakao, 120 g Margarine, 2 Eier, 80 g Zucker, 1 TL Backpulver, 1 EL Rum in den Mixtopf geben und verkneten. 40 Sek. / Stufe 5

Den Knetteig teilen. Aus der Hälfte des Teiges ein Gitter herstellen. Restlichen Teig in eine gefettete Springform geben und einen Rand hochziehen.

Füllung:
1 Dose Aprikosen (820 g) gut abtropfen lassen und in kleine Würfel schneiden.

1 P. Vanillepuddingpulver, 1 Eigelb, 250 g Magerquark, 3 B. Schmand, 120 g Zucker in den Mixtopf geben und verrühren. 30 Sek. / Stufe 5

Etwas Quarkmasse auf den Teigboden streichen, die Aprikosen darauf verteilen, restliche Creme darüber streichen (oder: Creme mit Aprikosen vermischen und auf den Teig geben), mit dem Gitter bedecken und backen.

Backzeit: 180°, ca. 50 Min.

Bananensahne

Mmh... schmeckt die bananig, genau das Richtige für alle Naschkatzen!

Bei dieser traumhaften Torte muss man einfach schwach werden!

Backen Sie die Biskuitböden bereits einen Tag vorher, so lassen sie sich viel besser schneiden.

Biskuitteig: Rühraufsatz einsetzen,
6 Eier, 150 g Zucker in den Mixtopf geben und cremig rühren. 5 Min. / Stufe 3
200 g Mehl, 1 P. Backpulver, 1 geh. TL Kakao, 30 g Kaba dazugeben und unterheben. 15 Sek. / Stufe 3

Den Teig in eine gefettete Springform geben und backen.

Backzeit: 180°, ca. 30 Min.

Füllung:
4 B. Sahne mit **4 P. Sahnesteif** schlagen, etwas Sahne für die Verzierung beiseite stellen, unter die restliche Sahne **4 EL Kaba** und **1 P. Vanillezucker** rühren.

3 - 4 Bananen in kleine Stücke schneiden und mit **Zitronensaft** beträufeln.

Erkalteten Boden waagrecht halbieren. Jeden Boden mit **3 EL Rum** tränken. Die Hälfte der Schokosahne auf dem unteren Boden verstreichen, Bananen in die Sahne drücken, zweiten Boden auflegen und mit restlicher Sahne bestreichen. Den Rand mit **Schokostreuseln** verzieren, mit Sahnetuffs und **Geleebananen** garnieren.

Am besten über Nacht durchziehen lassen.

Bananensplit-Torte

Köstlich wie noch nie!

Bananensplit als Torte und nicht als Eis serviert, da sagt bestimmt keiner nein!

Biskuitteig: Rühraufsatz einsetzen,
4 Eier, 180 g Zucker in den Mixtopf geben und cremig rühren. 3 Min. / Stufe 3

180 g Mehl, 2 TL Backpulver, 1 EL Kakao dazugeben und unterheben. 15 Sek. / Stufe 3

Den Teig in eine gefettete Springform geben und backen.

Backzeit: 180°, ca. 15 - 20 Min.

Belag:
½ P. Gelatine (= 2 TL) mit **2 EL kaltem Wasser** verrühren und 10 Min. quellen lassen.

2 B. Sahne schlagen.

1 Banane, 250 g Magerquark,
150 g Zucker in den Mixtopf geben und verrühren. 10 Sek. / Stufe 4
Gelatine im Wasserbad auflösen.
Gerät einstellen auf 20 Sek. / Stufe 3
Gelatine durch die Deckelöffnung langsam zugeben.
30 g Raspelschokolade, die geschlagene Sahne dazugeben und unterheben. 10 Sek. / ↶ / Stufe 4

Den erkalteten Boden einen ½ cm tief aushöhlen, dabei etwa einen 1 cm breiten Rand stehen lassen. Brösel zerkrümeln und zum Garnieren beiseite stellen.

3 Bananen halbieren, mit **2 EL Zitronensaft** beträufeln und auf den Boden legen. Die Creme kuppelförmig darauf streichen, mit den Bröseln bestreuen und leicht andrücken.

Über Nacht kalt stellen.

Biskuit-Schmandtorte

Raffiniert, einfach, lecker!

Diese Torte ist sehr schnell zubereitet, da man keinen Boden backen muss. Und keine Angst vor der Gelatine, sie klumpt garantiert nicht!

Ananas anstelle von Mandarinen eignen sich auch sehr gut. Ich nehme von einer kleinen Dose Ananas etwa die Hälfte und ca. eine 3/4 Tasse Ananassaft.

Boden:
200 g Biskuitstäbchen

Füllung:
1 P. Pulvergelatine mit **4 EL kaltem Wasser** verrühren und 10 Min. quellen lassen.

1 Dose Mandarinen (312 g) abtropfen lassen, den Saft in einen kleinen Topf geben und erhitzen, jedoch nicht kochen. Die Gelatine darin auflösen und etwa 30 Min. im Kühlschrank auskühlen lassen.

2 B. Sahne schlagen.

100 g Margarine, 80 g Zucker, 3 B. Schmand, 1 P. Vanillezucker in den Mixtopf geben und verrühren.	30 Sek. / Stufe 5
Saft dazugeben und unterrühren.	5 Sek. / Stufe 5
Die geschlagene Sahne dazugeben und unterheben.	5 Sek. / Stufe 5

Klein geschnittene Mandarinen mit dem Spatel vorsichtig unterheben. Tortenring auf eine Tortenplatte legen, mit Biskuitstäbchen auslegen. Die Hälfte der Masse darauf verteilen, Rest Stäbchen darauflegen, die restliche Masse darüber verteilen und glatt streichen. Mit ca. **20 g Mandelblättchen** bestreuen.

Über Nacht kalt stellen.

Blätterteig-Zöpfe

So luftig, so knusprig, die sind zum Anbeißen lecker!

Ideal für Gäste oder einfach nur als Snack zwischendurch und der Renner auf jedem Party-buffet!

2 P. frischen Blätterteig (gerollt, á 275 g)

Füllung:
200 g Marzipan-Rohmasse
in Stücken, **200 g Haselnüsse,**
30 g Zucker in den Mixtopf
geben und mahlen. 10 Sek. / Stufe 10
20 g Wasser, 3 Eiweiß dazugeben und unterrühren. 10 Sek. / Stufe 4

3 Eigelb zum Bestreichen.

Einen Blätterteig ausrollen, mit ca. **1 EL Milch** bepinseln, die Füllung darauf verteilen und glatt streichen.

Zweiten Blätterteig darüber geben, dick mit Eigelb einstreichen. Von der Längsseite her mit einem Messer halbieren, danach in ca. 2,5 cm breite Streifen schneiden. Diese drehen und auf mit Backpapier belegte Bleche legen (ergibt 3 Bleche, insgesamt ca. 35 Stück). Mit restlichem Eigelb bestreichen und nacheinander backen.

Backzeit: 160°, 2. Schiene von unten, ca. 20 Min.

Nach dem Erkalten mit einer Glasur aus **Puderzucker** und **Amaretto** bestreichen.

Brombeer-Streuselkuchen

So wunderbar fruchtig!

Ein duftender Blechkuchen frisch aus dem Ofen, serviert mit einem Klecks Sahne, einfach köstlich!

Hier verwende ich gerne zusätzlich 1 P. Vanillepuddingpulver für den Teig. Dafür die gleiche Menge an Mehl weglassen.

Hefe lässt sich gut einfrieren.

Der Mixtopf muss dazwischen nicht gespült werden.

Hefeteig:
500 g Mehl, 1 W. Hefe,
1 TL Zimt, 250 g Milch,
50 g Zucker, 60 g Butter-
schmalz, 1 Ei, 1 Pr. Salz
in den Mixtopf geben und
verarbeiten. 2 Min. / Knetstufe

Den Teig gehen lassen. Auf ein gefettetes Blech (ca. 30 x 40 cm) mit Backrahmen geben.

700 g frische Brombeeren darauf verteilen.

Streusel:
400 g Mehl, 200 g Butter-
schmalz, 2 P. Vanillezucker,
¼ TL Zimt, 150 g Zucker
in den Mixtopf geben und
verarbeiten. 40 Sek. / Stufe 5

Die Streusel auf den Brombeeren verteilen und backen.

Backzeit: 180°, ca. 40 Min.

Cappuccino-Schnitten

Locker und cremig! Köstliche Schnitten ohne viel Aufwand gezaubert!

Wird die Sahne nicht ganz steif geschlagen, sieht sie aus wie der Milchschaum vom Cappuccino. Sie können sie auch steif schlagen, die Schnitten mit Kakao bestäuben, Sahnetuffs darauf spritzen und mit Mokkabohnen garnieren.

Anstelle von Espressopulver können Sie auch lösliches Kaffeepulver verwenden, dieses jedoch mit dem Zucker mahlen oder in etwas Wasser auflösen.

Biskuitteig: Rühraufsatz einsetzen,
5 Eier, 180 g Zucker, 130 g Öl,
130 g lauwarmes Wasser in den
Mixtopf geben und cremig rühren. 3 Min. / Stufe 3
250 g Mehl, 2 TL Backpulver
dazugeben und unterrühren. 10 Sek. / Stufe 3

Den Teig auf ein gefettetes Blech (ca. 30 x 40 cm) mit Backrahmen geben und backen.

Backzeit: 180°, ca. 20 Min.

Belag:
3 B. Sahne schlagen.

80 g Zucker, 2 P. Vanillezucker in den Mixtopf geben
und mahlen. 10 Sek. / Stufe 10
4 geh. EL lösliches Espressopulver, 500 g Mascarpone
dazugeben und verrühren. 20 Sek. / Stufe 3 - 4
Die geschlagene Sahne dazugeben und unterrühren, Spatel
zum Mitrühren verwenden. ca. 15 Sek. / Stufe 6

Die Kaffeecreme auf den erkalteten Boden streichen.

Einen ½ **B. Sahne** halbsteif schlagen, mit einem Esslöffel auf die Schnitten geben und mit **Kakao** bestäuben.

Dampfnudel-Kuchen

Warm oder kalt ein Genuss... doch warm schmeckt er mir am besten! Ich nehme 300 g Milch für den Belag, somit wird er noch etwas cremiger und erinnert mich an Dampfnudeln mit Vanillesoße.

Schmeckt auch mit Rhabarber: 800 g Rhabarber in kleine Stücke schneiden, mit 180 g Zucker bestreuen und über Nacht ziehen lassen. Diesen Saft anstelle der Milch verwenden (reicht der Saft nicht, mit Wasser auffüllen) und den Pudding wie beschrieben kochen.

Hefeteig:
650 g Mehl, 100 g Zucker,
1 P. Vanillezucker, 30 g Hefe,
80 g Margarine, 380 g Milch,
1 Pr. Salz in den Mixtopf
geben und verarbeiten. 2 Min. / Knetstufe

Den Teig gehen lassen.

Auf ein gefettetes Blech (ca. 30 x 40 cm) mit Backrahmen geben.

Belag:
250 g Milch, 1 P. Vanillepuddingpulver, 100 g Sahne,
180 g Zucker in den Mixtopf
geben und kochen. 7 Min. / 90° / Stufe 3
80 g Margarine, 4 Eier dazugeben und unterrühren. 25 Sek. / Stufe 3

Den Pudding auf den Teig gießen, mit **800 g Kirschen** (frische oder aus dem Glas) belegen und backen.

Backzeit: 180°, ca. 35 - 40 Min.

Eierlikör-Käsesahne

Doppelter Genuss: schmackhafter Boden, dazu eine leckere Füllung mit Pfiff!

Biskuitteig:

6 Eier, 100 g Zucker, 200 g Haselnüsse, 2 kleine Bananen in den Mixtopf geben und cremig rühren. 50 Sek. / Stufe 6

180 g Mehl, 1 P. Backpulver, 1 TL Kaba, 60 g Joghurt (3,5 %) dazugeben und unterheben. 10 Sek. / Stufe 5

Den Teig in eine gefettete Springform geben und backen. / Backzeit: 180°, ca. 30 - 35 Min.

Füllung:

2 P. Pulvergelatine mit **8 EL kaltem Wasser** verrühren und 10 Min. quellen lassen.

350 g Eierlikör, 250 g Zucker,
1 Pr. Salz, 4 Eigelb in den
Mixtopf geben und erhitzen. 3 Min. / 60° / Stufe 3
Gelatine dazugeben und
unterrühren. 20 Sek. / Stufe 3

Die Masse ca. eine ½ Std. in den Kühlschrank stellen, bis sie zu Gelieren beginnt.

750 g Magerquark, 1 B. ge-
schlagene **Sahne** dazugeben
und unterrühren. 20 Sek. / Stufe 4

Nochmals ca. 1 Std. kalt stellen.

Den erkalteten Boden waagrecht halbieren und mit einem Tortenring umschließen. Die Hälfte der Eierlikörsahne einfüllen, mit dem zweiten Boden bedecken und restliche Masse darauf verteilen.

Über Nacht kalt stellen.

Mit einem ½ B. geschlagener **Sahne, Dekorblättern** und **Eierlikör** verzieren.

Eierlikör-Rumschnitten

Anstelle der Butterkekse die Schnitten mit Obst (Pfirsiche, Kiwi, Ananas, Kirschen etc.) rautenförmig belegen.

Sie können die Schnitten auch mit selbst gemachter Buttercreme bestreichen. Mit dieser Vanillecreme schmecken sie jedoch noch viel besser. Vielen Dank an Brigitte Pflugfelder für diese Tipps!

Ich verwende nur Eier von „glücklichen Hühnern" von meinem Onkel Stephan, dadurch bekommen die Tortenböden immer eine extra schöne Farbe.

Biskuitteig: Rühraufsatz einsetzen,
7 Eier, 150 g Zucker,
1 P. Vanillezucker in den Mix-
topf geben und cremig rühren. 7 Min. / Stufe 3
150 g Mehl, 2 TL Backpulver
dazugeben und unterheben. 10 Sek. / Stufe 3

Den Teig auf ein gefettetes Blech (ca. 30 x 40 cm) mit Backrahmen geben und backen.

Backzeit: 180°, ca. 15 - 20 Min.

Belag: Rühraufsatz einsetzen,
1 P. Dr. Oetker® Vanilla
Tortencreme Vanille-Geschmack,
300 g kalte Milch, 100 g weiche
Butter, 60 g Eierlikör in den Mix-
topf geben und cremig rühren. 4 Min. / Stufe 3

Auf den erkalteten Boden streichen.

50 g Rum und **30 g Wasser** vermischen. **200 g Butterkekse** eintauchen und auf die Creme legen.

Mit einem **Schokoladenguss** überziehen bzw. besprenkeln. Über Nacht kalt stellen.

Tipp: Kekse mit einem kleinen Abstand auflegen, so lassen sich die Schnitten besser schneiden. Die Kekse sofort mit Schokoladenguss überziehen. Am besten jeweils 5 Kekse auflegen und sofort bestreichen, bevor sie weich werden.

Eiskaffee-Sahnetorte

Eine kühle Schönheit mit raffinierter Note und zugleich eine herrliche Erfrischung für den Sommer!

Anstelle Eiskaffee-Pulver können Sie auch Cappuccino-Pulver verwenden. Die Torte evtl. kurz einfrieren und dann servieren oder einfrieren und nur halb auftauen lassen.

Rührteig:
200 g Haselnüsse, 50 g Mandeln,
100 g Zartbitterschokolade
in Stücken in den Mixtopf
geben, mahlen und umfüllen. 10 Sek. / Stufe 10

80 g Margarine, 80 g Zucker,
1 P. Vanillezucker, 4 Eier
in den Mixtopf geben und
cremig rühren. 50 Sek. / Stufe 4
2 TL Backpulver, 30 g Amaretto,
die gemahlene Mischung dazu-
geben und unterrühren. 3 Sek. / Stufe 4

Den Teig in eine gefettete Springform geben und backen.

Backzeit: 180°, ca. 25 Min.

Belag:
1 geh. EL Mandelblättchen in einer Pfanne rösten und umfüllen.

Vom erkalteten Boden einen $\frac{1}{2}$ cm dicken Deckel abschneiden und zerbröseln. Boden mit einem Tortenring umschließen. **3 B. Sahne** mit **3 P. Sahnesteif** schlagen. **2 P. Vanillezucker** und **80 g Eiskaffee-Pulver** unterrühren.

Die Eiskaffee-Sahne auf dem Boden verstreichen, mit den Bröseln bestreuen und etwas andrücken. Abgekühlte Mandelblättchen und **1 EL Schokoraspel** auf der Torte verteilen. Über Nacht kalt stellen.

Erdbeer-Amarettini-Torte

Damit wird der Sonntag noch mal so schön! Schmeckt auch mit normalem Biskuitboden.

Mürbteig:
50 g Amarettini, 50 g Mandeln,
150 g Mehl, 2 TL Backpulver,
60 g Zucker, 100 g Margarine,
1 Ei in den Mixtopf geben
und verarbeiten. 40 Sek. / Stufe 6

Den Teig in eine gefettete Springform geben und backen. / Backzeit: 180°, ca. 15 Min.

Belag:

1 P. Pulvergelatine mit **4 EL kaltem Wasser** verrühren und 10 Min. quellen lassen.

1½ B. Sahne schlagen.

600 g Erdbeeren, davon 300 g in kleine Stücke schneiden und 100 g für die Verzierung beiseite stellen.

200 g Erdbeeren, **Saft einer Zitrone, 80 g Zucker** in den Mixtopf geben und pürieren.	3 Sek. / Stufe 4
3 B. Schmand dazugeben und unterrühren.	3 Sek. / Stufe 4
Gelatine im Wasserbad auflösen.	
Gerät einstellen auf	20 Sek. / Stufe 3
Gelatine durch die Deckelöffnung langsam zugeben.	
Die geschlagene Sahne dazugeben und unterheben.	15 Sek. / Stufe 3

Die klein geschnittenen Erdbeeren nur mit dem Spatel unterheben.

Den erkalteten Boden mit einem Tortenring umschließen und die Masse einfüllen. Über Nacht kalt stellen.

Mit **Amarettinis,** Erdbeeren und evtl. mit **Sahnetuffs** verzieren.

Erdbeer-Kokos-Torte

Süße Erdbeerzeit! Einfach himmlisch diese Torte, da freuen sich alle!

Abwandlung von Biskuitböden: Verwenden Sie halb Mehl, halb Speisestärke. Das Eiweiß können Sie auch extra schlagen, dadurch werden die Böden noch etwas lockerer (siehe Mokkakranz).

Biskuitteig: Rühraufsatz einsetzen,
3 Eier, 100 g Zucker in den
Mixtopf geben und cremig rühren. 3 Min. / Stufe 3
100 g Mehl, 2 TL Backpulver
dazugeben und unterheben. 10 Sek. / Stufe 3

Den Teig in eine gefettete Springform geben und backen.

Backzeit: 180°, ca. 15 - 20 Min.

Belag:
350 g Erdbeeren, davon 250 g in kleine Stücke schneiden und den Rest für die Verzierung beiseite stellen.

2 B. Sahne und **1 P. Sahnesteif** schlagen.

15 Kokoskugeln in den Mix-
topf geben und zerkleinern. knapp 1 Sek. / Stufe 5

Die geschlagene Sahne und die Erdbeeren dazugeben und nur mit dem Spatel vorsichtig unterheben.

Die Masse auf dem erkalteten Tortenboden kuppelförmig verstreichen.

Mit **halbierten Kokoskugeln** und Erdbeeren verzieren.

Erdbeer-Sekt-Torte

Endlich Erdbeeren! Hier geht die Sonne auf!

Verzierung mal anders: Schneiden Sie Erdbeeren in Scheiben, legen diese innen an den Tortenring und füllen die Creme ein.

Biskuitteig: Rühraufsatz einsetzen,
3 Eier, 100 g Zucker in den
Mixtopf geben und cremig rühren. 3 Min. / Stufe 3
100 g Mehl, 2 TL Backpulver
dazugeben und unterheben. 10 Sek. / Stufe 3

Den Teig in eine gefettete Springform geben und backen. / Backzeit: 180°, ca. 15 - 20 Min.

Belag:
2 P. Pulvergelatine mit **8 EL kaltem Wasser** verrühren und 10 Min. quellen lassen.

1 B. Sahne schlagen und etwas für die Verzierung beiseite stellen.

450 g Erdbeeren, davon 350 g in kleine Stücke schneiden, Rest für die Verzierung bereitstellen.

200 g Doppelrahm-Frischkäse, 500 g Magerquark, 1 P. Vanille-Soßenpulver, 130 g Zucker, 150 g trockenen Sekt in den Mixtopf geben und cremig rühren.	10 Sek. / Stufe 5
Gelatine im Wasserbad auflösen.	
Gerät einstellen auf	20 Sek. / Stufe 5
Gelatine durch die Deckelöffnung langsam zugeben.	
Die geschlagene Sahne dazugeben und unterheben.	10 Sek. / Stufe 4

Die Erdbeeren nur mit dem Spatel unterheben.

Erkalteten Boden mit einem Tortenring umschließen. Die Masse einfüllen und glatt streichen. Über Nacht kalt stellen.

Mit Sahnetuffs und restlichen Erdbeeren verzieren.

Abwandlung: Die Torte mit Erdbeeren belegen und mit einem Tortenguss überziehen. Schmeckt auch mit Pfirsichen gut!

Erdbeer-Tequila-Torte

Rührteig:

200 g Margarine, 3 Eier,
130 g Zucker in den Mix-
topf geben und cremig rühren. 1 Min. / Stufe 5
200 g Mehl, 2 TL Backpulver,
75 g Milch dazugeben und
unterrühren. 15 Sek. / Stufe 4

Den Teig in eine gefettete Springform geben und backen. / Backzeit: 180°, ca. 25 Min.

1. Belag:

1 P. Pulvergelatine mit **4 EL kaltem Wasser** verrühren und 10 Min. quellen lassen.

800 g Erdbeeren, 100 g Tequila,
25 g Zitronensaft, 75 g Zucker
in den Mixtopf geben und pürieren. 30 Sek. / Stufe 10

500 g Püree abwiegen und beiseite stellen.

Gelatine im Wasserbad auflösen.
Gerät einstellen auf 25 Sek. / Stufe 3
Gelatine durch die Deckelöffnung langsam zum restlichen Püree zugeben und die Masse ca. 2 Std. kalt stellen.

Den erkalteten Boden halbieren. Unteren Boden mit einem Tortenring umschließen und das kaltgestellte Püree darauf streichen. Den zweiten Boden auflegen.

2. Belag:
1½ P. Pulvergelatine mit **6 EL kaltem Wasser** verrühren und 10 Min. quellen lassen.

1½ B. Sahne schlagen.

500 g Magerquark, 2 EL Zitronensaft,
100 g Zucker, 20 g Tequila in den
Mixtopf geben und cremig rühren. 20 Sek. / Stufe 3 - 4
Beiseite gestelltes Püree dazugeben und unterheben. 3 Sek. / Stufe 5
Gelatine (s.o.) dazugeben. 20 Sek. / Stufe 3
Die geschlagene Sahne dazugeben und unterheben. 10 Sek. / Stufe 3

Die Masse 1 Std. in den Kühlschrank stellen. Auf dem oberen Boden verteilen und über Nacht kalt stellen. Torte mit **Erdbeeren** und einem **½ B.** geschlagener **Sahne** verzieren.

Erdbeertorte Fürst Pückler

Erdbeeren kommen hier ganz groß raus!

Biskuitteig: Rühraufsatz einsetzen,
3 Eier, 100 g Zucker in den
Mixtopf geben und cremig rühren. 3 Min. / Stufe 3
100 g Mehl, 2 TL Backpulver
dazugeben und unterheben. 10 Sek. / Stufe 3

Den Teig in eine gefettete Springform geben und backen. / Backzeit: 180°, ca. 15 - 20 Min.
Belag:
1 P. Pulvergelatine mit **6 EL kaltem Wasser** und ein ½ **P. Pulvergelatine** mit **3 EL kaltem Wasser** verrühren und 10 Min. quellen lassen.

1 B. **Sahne** schlagen.

800 g Magerquark, 500 g Mascarpone,
1 B. Schmand, 130 g Zucker in den
Mixtopf geben und cremig rühren,
mit dem Spatel kräftig mitrühren. 20 Sek. / Stufe 8 - 10
Kurz von Hand durchrühren, danach 40 Sek. / Stufe 9
Gelatine (1 P.) im Wasserbad auflösen.
Gerät einstellen auf 25 Sek. / Stufe 9
Gelatine durch die Deckel-
öffnung langsam zugeben.
Die geschlagene Sahne unterheben. 10 Sek. / Stufe 5
Creme umfüllen und in 3 Teile teilen.

250 g Erdbeeren in den Mixtopf
geben und pürieren. ca. 10 Sek. / Stufe 6
Gelatine ($\frac{1}{2}$ P.) im Wasserbad
auflösen und dazugeben. 20 Sek. / Stufe 2
1/3 der Quarkmasse unterheben. ca. 5 Sek. / Stufe 3

Den erkalteten Boden mit einem Tortenring umschließen, Erdbeercreme einfüllen. Nächstes Drittel ohne weiteren Zusatz vorsichtig darauf verstreichen.

100 g Zartbitterschokolade
in Stücken in den Mixtopf
geben und schmelzen. 2 Min. / 60° / Stufe 2
Die restliche Creme unterrühren. ca. 15 Sek. / Stufe 3

Creme vorsichtig glatt streichen. Über Nacht kalt stellen. Mit **50 g Erdbeeren,** einem $\frac{1}{2}$ **B.** geschlagener **Sahne** und **Waffelröllchen** verzieren. Das Messer vor dem Schneiden in heißes Wasser tauchen!

Espresso-Torte

Was für Prachtstücke! Diese Torte schmeckt zu jeder Zeit!

Biskuitteig: Rühraufsatz einsetzen,
3 Eier, 150 g Zucker in den Mix-
topf geben und cremig rühren. 3 Min. / Stufe 3
150 g Mehl, 2 TL Backpulver
dazugeben und unterheben. 10 Sek. / Stufe 3

Den Teig in eine gefettete Springform geben und backen.

Backzeit: 180°, ca. 15 - 20 Min.

Füllung:
150 g Zartbitter-Kuvertüre
in Stücken in den Mixtopf
geben und zerkleinern. 10 Sek. / Stufe 10
2 geh. EL lösliches Espresso-Pulver, 2 B. flüssige **Sahne**
dazugeben und erhitzen. 3 Min. / 60° / Stufe 2

Die Masse umfüllen und über Nacht kalt stellen.

Danach steif schlagen. Ist Ihnen die Masse zu herb, einfach noch etwas Puderzucker unterrühren.

Den erkalteten Boden waagrecht halbieren, Schoko-Espresso-Sahne darauf geben und mit dem zweiten Boden bedecken. Mit restlicher Sahne rundherum bestreichen.

Mit **Schokostreuseln, Sahnetuffs, Marzipan** und **Mokkabohnen** verzieren.

50 g Zartbitterkuvertüre schmelzen, auf einem Marmorbrett oder Backblech verstreichen, etwas fest werden lassen und mit einem Spatel „abkratzen". Die Torte damit garnieren.

Schmeckt gut durchgezogen am besten.

Heidelbeer-Marzipantorte

Neuer Genuss mit Heidelbeeren und Marzipan, eine sahnig-fruchtige Torte für jeden Anlass!

Gut durchgezogen schmeckt sie am besten.

Belag:
50 g Haselnüsse in den Mixtopf geben und mahlen. 10 Sek. / Stufe 10

ca. 5 Haselnüsse mit dem Messer in Scheiben bzw. Stückchen schneiden. Beides getrennt in einer Pfanne ohne Fett rösten und für den Belag beiseite stellen.

Rührteig:

100 g Margarine, 80 g Zucker, 3 Eier, abgeriebene Schale einer ½ unbehandelten Zitrone, 100 g Marzipan-Rohmasse in Stücken in den Mixtopf geben und cremig rühren. 50 Sek. / Stufe 6

200 g Mehl, 2 TL Backpulver, 100 g Milch dazugeben und unterrühren. 20 Sek. / Stufe 5

Den Teig in eine gefettete Springform geben und backen.

Backzeit: 180°, ca. 20 Min.

Belag:

1 Glas Heidelbeeren (370 ml) gut abtropfen lassen, 1 EL davon für die Verzierung beiseite stellen.

2 B. Sahne mit **2 P. Sahnesteif** schlagen, die gemahlenen Nüsse, **1 TL Puderzucker, 1 P. Vanillezucker** unterrühren. Heidelbeeren vorsichtig unterheben.

Den erkalteten Boden mit einem Tortenring umschließen, die Masse einfüllen und glatt streichen. Mit den restlichen Heidelbeeren und den klein geschnittenen Nüssen verzieren.

Himbeer-Joghurt-Torte

Locker und leicht mit süßen Himbeeren und gesundem Joghurt!

Biskuitteig: Rühraufsatz einsetzen,
3 Eier, 1 Eigelb, 150 g Zucker
in den Mixtopf geben und
cremig rühren. 3 Min. / Stufe 3
150 g Mehl, 2 TL Backpulver, 15 g Kakao dazugeben und unterheben. 10 Sek. / Stufe 3

Den Teig in eine gefettete Springform geben und backen. / Backzeit: 180°, ca. 15 - 20 Min.

Füllung:
1½ P. Pulvergelatine mit **6 EL kaltem Wasser** verrühren und 10 Min. quellen lassen.

1 Eiweiß und **1 B. Sahne** getrennt steif schlagen.

500 g Himbeeren (bis auf ein paar zum Verzieren), **150 g Zucker** in den Mixtopf geben und pürieren.	5 Sek. / Stufe 4
Gelatine im Wasserbad auflösen.	
Gerät einstellen auf	20 Sek. / Stufe 3
Gelatine durch die Deckelöffnung langsam zugeben.	
300 g Joghurt (3,5 %), die geschlagene Sahne, den Eischnee dazugeben und unterheben.	ca. 7 Sek. / Stufe 4

Erkalteten Boden halbieren, unteren Boden auf eine Platte legen und mit einem Tortenring umschließen. Die Hälfte der Himbeer-Sahne einfüllen. Zweiten Boden auflegen und die restliche Masse darauf verstreichen.

Über Nacht kalt stellen.

Mit einem ½ B. geschlagener **Sahne** und Himbeeren verzieren.

Johannisbeer-Nusskuchen

Schöner lassen sich die Aromen der frischen Obst-Ernte kaum genießen: aromatisch, kernig, köstlich!

Mürbteig verarbeite ich sofort weiter und lasse ihn nicht im Kühlschrank ruhen, das spart Zeit und der Kuchen schmeckt genauso gut.

100 g Haselnüsse in den Mixtopf geben, mahlen und für den Belag beiseite stellen. 10 Sek. / Stufe 10

Mürbteig:
250 g Mehl, 2 TL Backpulver, 120 g Margarine, 120 g Zucker, 1 Ei, 60 g Milch in den Mixtopf geben und verkneten. 30 Sek. / Stufe 4

Den sehr weichen Teig in eine gefettete Springform streichen.

Belag:
Rühraufsatz einsetzen,
2 Eiweiß in den Mixtopf geben, schlagen und umfüllen. 2 Min. / Stufe 4

Rühraufsatz einsetzen,
2 Eigelb, 120 g Zucker in den Mixtopf geben und cremig rühren. 1 Min. / Stufe 3
15 g Semmelbrösel, die gemahlenen Nüsse, den Eischnee dazugeben und unterheben. 10 Sek. / Stufe 4

400 g Johannisbeeren nur mit dem Spatel unterheben. Die Masse auf den Teig streichen und backen.

Backzeit: 180°, ca. 45 Min.

Johannisbeer-Schmand-Schnitten

Ein Kuchen in Sommerlaune, schön cremig und gleichzeitig erfrischend - die idealen Schnitten für heiße Tage!

150 g Zucker in den Mixtopf geben, mahlen und umfüllen. 10 Sek. / Stufe 10

Mürbteig:
300 g Mehl, 2 TL Backpulver, 150 g Zucker, 1 Ei, 200 g Margarine in den Mixtopf geben und verrühren. 40 Sek. / Stufe 5

Den sehr weichen Teig auf ein gefettetes Blech (ca. 30 x 40 cm) mit Backrahmen streichen.

1. Belag:
120 g Margarine, 4 Eier,
1 P. Vanillezucker, 2 P. Vanillepuddingpulver (bis auf 1 EL),
Saft von 1 Zitrone, 500 g Magerquark, 100 g Puderzucker in den Mixtopf geben und cremig rühren. 40 Sek. / Stufe 4

Die Masse auf den Teig gießen und vorbacken.

Backzeit: 180°, 25 Min.

2. Belag:
3 B. Schmand, 1 Ei,
1 EL Vanillepuddingpulver,
50 g Puderzucker in den Mixtopf geben und verrühren. 20 Sek. / Stufe 3

Die Masse vorsichtig auf den vorgebackenen Kuchen streichen, mit **500 g Johannisbeeren** belegen und bei gleicher Temperatur ca. 15 Min. weiterbacken.

Guss:
1 P. roten Tortenguss,
20 g Zucker, 250 g Wasser
in den Mixtopf geben und kochen. ca. 6 Min. / 100° / Stufe 3

Den erkalteten Kuchen damit überziehen.

Johannis-Himbeer-Torte

Für traumhafte Sommertage so richtig zum Schlemmen! Dieses Rezept stammt von meiner Tante Rosmarie. Ausprobieren ist hier ein Muss!

Biskuitteig: Rühraufsatz einsetzen,
5 Eier, 250 g Zucker in den Mixtopf geben und cremig rühren. 5 Min. / Stufe 3
250 g Mehl, 1 P. Backpulver dazugeben und unterheben. 8 Sek. / Stufe 3

Den Teig in eine gefettete Springform geben und backen. / Backzeit: 180°, ca. 25 - 30 Min.

Füllung:

1 Beutel Dr. Oetker® Götter-speise Himbeer, 100 g Zucker, 250 g Wasser in den Mixtopf geben und auflösen. 2 Min. / 50° / Stufe 2

In einen tiefen Teller umfüllen und ca. 30 Min. abkühlen lassen.

250 g Magerquark, 2 P. Vanille-zucker, abgekühlte Götter-speise in den Mixtopf geben und verrühren. 10 Sek. / Stufe 4

Die Masse ca. 30 Min. kalt stellen, bis sie zu Gelieren beginnt.

3 B. Sahne schlagen, zur Quark-masse geben und unterheben, Spatel zum Mitrühren verwenden. ca. 25 Sek. / Stufe 4

300 g Johannisbeeren dazugeben und nur mit dem Spatel unterheben.

Den erkalteten Boden 2 x waagrecht durchschneiden. Unteren Boden mit einem Tortenring umschließen. 1/3 der Creme einfüllen, zweiten Boden auflegen, ein weiteres Drittel Creme einfüllen, Boden auflegen und mit restlicher Creme bestreichen.

Über Nacht kalt stellen.

Mit **Johannisbeeren** verzieren.

Kakao-Eierlikörkuchen

Eine zarte Versuchung mit Kakao: locker, luftig und zugleich so schokoladig!

Auch wenn die Zeit knapp ist, müssen Sie auf selbst gemachten Kuchen nicht verzichten. Dieser hier ist ganz schnell fertig.

Sie können ihn nur mit Puderzucker bestäuben, schmeckt aber natürlich mit Guss noch viel besser.

Rührteig:
200 g Margarine, 180 g Zucker, 6 Eier, 200 g Haselnüsse, 30 g Rum, 100 g Kakao, ½ TL Zimt, 100 g Eierlikör in den Mixtopf geben und cremig rühren. 50 Sek. / Stufe 6

150 g Mehl, 1 P. Backpulver dazugeben und unterrühren, Spatel zum Mitrühren verwenden. 20 Sek. / Stufe 7

Den Teig in eine gefettete Kranzform geben und backen.

Backzeit: 180°, ca. 40 Min.

Schokoladenguss:
30 g Blockschokolade, 30 g Zucker in den Mixtopf geben und zerkleinern. 15 Sek. / Stufe 10

15 g Margarine, 15 g Wasser dazugeben und erhitzen. 3 Min. / 50° /Stufe 2

Den Kuchen damit einstreichen.

Kirschbällchen

Klein, aber ohoo... herrlich saftig und sooo lecker und so schnell gemacht!

Haben Sie noch frische Kirschen übrig, versuchen Sie doch mal diese Eiscreme ohne Reue:

30 g Puderzucker, je 250 g Kirschen und sehr reife Bananen in Stücken, jeweils einzeln gefroren, cremig rühren: ca. 50 Sek. / Stufe 8 - 10, zwischendurch mit dem Spatel nach unten schieben.

Schmeckt auch mit Himbeeren oder Waldbeeren!

Biskuitteig: Rühraufsatz einsetzen,
3 Eier, 120 g Zucker,
1 P. Vanillezucker in den Mixtopf
geben und cremig rühren. 2 Min. / Stufe 3
70 g Mehl, 70 g Speisestärke,
2 TL Backpulver, 10 g Kakao
dazugeben und unterheben. 10 Sek. / Stufe 3

Den Teig in eine gefettete Springform geben und backen.

Backzeit: 180°, ca. 15 - 20 Min.

Der Boden sollte nach Möglichkeit einen Tag alt sein.

Den Boden in kleine Würfel schneiden und mit **5 EL Kirschwasser** tränken.

1 B. Sahne mit **1 P. Sahnesteif** schlagen.

400 g Kirschen (frische oder gut abgetropfte aus dem Glas), Biskuitwürfel und Sahne vorsichtig vermischen.

Kleine Bällchen formen und diese in **Schokostreusel** bzw. **Krokant** wälzen.

Ergibt ca. 12 Stück

Kirschkuchen auf die Schnelle

Er duftet so herrlich nach Sommer, ist einfach und schnell zubereitet und hervorragend im Geschmack!

Ein kleiner Klecks frisch geschlagener Sahne ist das i-Tüpfelchen auf diesem Kuchen!

Rührteig:
4 Eier, 180 g Zucker,
140 g Margarine, 1 TL Zimt,
150 g Haselnüsse, 100 g Zart-
bitterschokolade in Stücken
in den Mixtopf geben und
cremig rühren. 40 Sek. / Stufe 6
150 g Mehl, 2 TL Back-
pulver dazugeben und
unterheben. 10 Sek. / Stufe 6

Den Teig in eine gefettete Springform geben.

Ca. **500 g Kirschen** (frische oder aus dem Glas) darauf verteilen und backen.

Backzeit: 180°, ca. 45 Min.

Vor dem Verzehr mit **Puderzucker** bestäuben.

Kirsch-Marzipantorte

Ein Prachtexemplar aus saftigem Marzipanteig mit Schokolade und einem Bett aus Pudding für sonnengereiftes Obst!

Schmeckt auch ohne Belag sehr gut; evtl. noch mit einem Schokoladenguss überziehen.

30 g Zartbitterschokolade in Stücken in den Mixtopf geben, hacken und umfüllen. 6 – 8 Sek. / Stufe 6

Rührteig:
8 Eier, 80 g Zucker, 30 g Mandeln,
100 g Margarine, 300 g Marzipan-Rohmasse in Stücken in den Mixtopf geben und cremig rühren. 50 Sek. / Stufe 6
100 g Mehl, 2 TL Backpulver,
½ Fläschchen Bittermandelöl
dazugeben und unterrühren. 10 Sek. / Stufe 4

Teig und gehackte Schokolade abwechselnd in eine gefettete Springform geben und backen.

Backzeit: 180°, ca. 30 - 35 Min.

Pudding:
1 P. Vanillepuddingpulver,
300 g Milch, 40 g Zucker in
den Mixtopf geben und kochen. 7 Min. / 90° / Stufe 3

Den erkalteten Boden mit einem Tortenring umschließen. Pudding ca. 10 Min. abkühlen lassen und auf den Boden streichen. Erkalten lassen.

Kirschbelag:
1½ P. klaren Tortenguss, 60 g Zucker,
380 g Flüssigkeit (Saft + Wasser) in
den Mixtopf geben und kochen. 6 Min. / 100° / Stufe 3

500 g Kirschen (aus dem Glas) nur mit dem Spatel unterrühren. Die Masse auf den Pudding geben und über Nacht durchziehen lassen.

30 g Marzipan ausrollen, beliebige Formen ausstechen, in Zucker wälzen und die Torte damit dekorieren.

Kiwi-Bananen-Torte

Für die Kuchenschlacht ist gesorgt!

Biskuitteig:

200 g Haselnüsse in den Mixtopf geben, mahlen und umfüllen. 10 Sek. / Stufe 10

Rühraufsatz einsetzen,

5 Eier, 150 g Zucker in den Mixtopf geben und cremig rühren. 4 Min. / Stufe 3

50 g Mehl, 2 TL Backpulver, 50 g Kaba, ½ TL Zimt, die gemahlenen Nüsse dazugeben und unterheben. 10 Sek. / Stufe 3

Den Teig in eine gefettete Springform geben und backen.

Backzeit: 180°, ca. 30 Min.

Füllung:
2 B. Sahne schlagen und etwas für die Verzierung beiseite stellen.

500 g Quark (20 %),
5 P. Vanillezucker in den Mix-
topf geben und cremig rühren. 20 Sek. / Stufe 3
Die geschlagene Sahne dazu-
geben und unterrühren,
Spatel dabei verwenden. ca. 15 Sek. / Stufe 4

Zum Schluss mit dem Spatel durchrühren.

Den erkalteten Boden waagrecht halbieren und mit einem Tortenring umschließen.

3 Kiwis achteln und in kleine Stücke schneiden.

2 Bananen in Scheiben schneiden und sofort mit dem **Saft einer ½ Zitrone** vermischen.

Die Hälfte vom Obst auf den Tortenboden geben. Die Hälfte der Quarkmasse darauf verstreichen. Zweiten Boden auflegen und den Rest Früchte und Sahne daraufgeben. Über Nacht durchziehen lassen.

Vor dem Verzehr dünn mit **Kaba** bestreuen und mit Sahnetuffs garnieren.

Kiwibombe

Süße Sahneträume mit exotischen Früchten! Diese Bombe ist auf alle Fälle eine Sünde wert!

Verwenden Sie bei der Zubereitung von Tortenguss (ohne Wundertopf) am besten einen Kochlöffel. Nehmen Sie einen Schneebesen, schlagen Sie zu viel Luft ein und es entstehen kleine Bläschen im Guss.

Biskuitteig: Rühraufsatz einsetzen,
4 Eier, 160 g Zucker,
1 P. Vanillezucker in den Mixtopf geben und cremig rühren. 4 Min. / Stufe 3
50 g Mehl, 80 g Speisestärke,
20 g Kakao, 2 TL Backpulver
dazugeben und unterheben. 10 Sek. / Stufe 3

Den Teig in eine gefettete Springform geben und backen. / Backzeit: 180°, ca. 30 Min.

Füllung:
1 P. Pulvergelatine mit **4 EL kaltem Wasser** verrühren und 10 Min. quellen lassen.

1 cm vom erkalteten Boden als Deckel abschneiden und beiseite legen. Glasschüssel (ca. 1,8 l, Ø 20 cm) als Maß nehmen. Restlichen Boden und übrigen Rand in 1 cm große Würfel schneiden und mit **4 EL Rum** tränken.

4 Kiwis in dünne Scheiben schneiden.

Schüssel kalt ausspülen und mit den Kiwischeiben auslegen.

4 B. Sahne und **2 P. Sahnesteif** schlagen.

1 P. Vanillezucker, 50 g Zucker und **50 g Schokostreusel** unterrühren. Zum Schluss die Biskuitwürfel unterheben. Die Masse in die Schüssel füllen und den Deckel darauf geben.

Über Nacht kalt stellen. Vorsichtig stürzen und evtl. mit einem **klaren Tortenguss** überziehen.

Krokantkuchen

Der ist im Handumdrehen gemacht!

Mit Eierlikör, knackigem Haselnusskrokant und feinem Guss: Ein vorzüglicher Kuchen für den Kaffeeklatsch!

Er hält sich auch ein paar Tage, aber nur wenn Sie ihn gut verstecken!

Rührteig:
200 g Margarine, 4 Eier,
140 g Zucker, 1 Pr. Salz
in den Mixtopf geben und
cremig rühren. 50 Sek. / Stufe 5
250 g Eierlikör, 180 g Milch,
500 g Mehl, 1 P. Backpulver
dazugeben und unterrühren. 20 Sek. / Stufe 6 - 7

100 g Haselnusskrokant dazugeben und nur mit dem Spatel unterheben.

Den Teig in eine gefettete Napfkuchenform geben und backen.

Backzeit: 180°, ca. 60 Min.

Mit **150 g Haselnussguss** bestreichen und mit etwas **Krokant** bestreuen.

Krümeltorte

Wenn Sie liebe Gäste zum Kaffee erwarten, darf diese Schlemmerei nicht fehlen. Hier müssen Sie nur aufpassen, dass das Krümelmonster nicht schneller ist!

Torte am besten 2 Tage durchziehen lassen.

Rührteig:

200 g Margarine, 1 P. Vanillezucker, 180 g Zucker, 6 Eier, 100 g Zartbitterschokolade in Stücken, **100 g Haselnüsse** in den Mixtopf geben und cremig rühren. 50 Sek. / Stufe 6

150 g Mehl, 2 TL Backpulver, 25 g Speisestärke dazugeben und unterrühren. 15 Sek. / Stufe 5 - 6

Den Teig in eine gefettete Springform geben und backen.

Backzeit: 180°, ca. 35 - 40 Min.

Den erkalteten Kuchen aushöhlen, dabei einen 1 - 2 cm breiten Rand und Boden stehen lassen. Die Stücke in eine Schüssel geben und mit der Hand zerbröseln. Davon 5 EL abnehmen und beiseite stellen, den Rest mit **4 EL Rum** vermischen.

Füllung:

3 B. Sahne schlagen, mit **1 P. Vanillezucker** und den Bröseln vermischen. Den Boden damit füllen. Kuppelartig mit einem Messer verstreichen, mit den übrigen Bröseln bestreuen und diese etwas andrücken.

Vor dem Servieren mit **Puderzucker** bestäuben.

Latte-Macchiato-Torte

Genau die richtige Torte für besondere Anlässe!

Biskuitteig: Rühraufsatz einsetzen,
3 Eier, 100 g Zucker,
1 P. Vanillezucker in den Mixtopf geben und cremig rühren. 3 Min. / Stufe 3
100 g Mehl, 2 TL Backpulver, 10 g Kakao dazugeben und unterheben. 10 Sek. / Stufe 3

Den Teig in eine gefettete Springform geben und backen. / Backzeit: 180°, ca. 15 Min.

Belag:

1 P. Pulvergelatine mit **4 EL kaltem Wasser** verrühren und 10 Min. quellen lassen.

2 B. Sahne schlagen.

80 g Nuss-Nougat (schnittfest) in Stücken in den Mixtopf geben und schmelzen.	1½ Min. / 60° / Stufe 2
500 g Mascarpone, 60 g Zucker, 60 g Milch dazugeben und unterrühren, Spatel evtl. zum Mitrühren verwenden.	ca. 15 Sek. / Stufe 4
Gelatine im Wasserbad auflösen.	
Gerät einstellen auf	20 Sek. / Stufe 4
Gelatine durch die Deckelöffnung langsam zugeben.	
Die Hälfte der geschlagenen Sahne zugeben und unterheben.	ca. 15 Sek. / Stufe 3 - 4

Die Masse halbieren.

In eine Hälfte **1 geh. EL lösliches Espressopulver** rühren. Den erkalteten Boden mit einem Tortenring umschließen und die Kaffeecreme einfüllen. 15 Min. kalt stellen und mit der restlichen Creme bedecken. 1 Std. kalt stellen.

Mit restlicher Sahne bestreichen und mit **Kakao** beliebig verzieren.

Marmorkuchen Peter

Den beliebtesten aller Rührkuchen sollten Sie immer mal wieder backen!

Das ist auch Peters Lieblingskuchen. Vielen Dank an Susi Meier für dieses Rezept.

Abwandlung: Geben Sie noch 30 g Rum in den Teig.

Lassen Sie den Schokoladenguss auf Alufolie abtropfen, so können Sie die Reste für den nächsten Kuchen wieder verwenden.

Rührteig:
200 g Margarine, 250 g Zucker,
1 P. Vanillezucker, 4 Eier,
300 g Mehl, 1 P. Backpulver,
1 P. Vanillepuddingpulver,
250 g Milch in den Mixtopf
geben und cremig rühren. 50 Sek. / Stufe 6

Gut 2/3 des Teiges in eine gefettete Kastenform (ca. 30 cm) geben.

Zum Rest **15 g Kakao, 1 Ei**
dazugeben und unterrühren. 10 Sek. / Stufe 5

Den Schokoteig auf den hellen Teig geben, mit einer Gabel spiralförmig durchziehen und backen.

Backzeit: 180°, ca. 55 - 60 Min.

Mit einem **Schokoladenguss** überziehen.

Marzipanlikör-Kuchen

Ein aromatischer Kuchen, der auch nach ein paar Tagen noch saftig ist!

Der Marzipanlikör ist eigentlich viel zu schade zum Backen, aber es bleibt natürlich zum Trinken auch noch etwas übrig.

Marzipanlikör (in 2 Wochen aufbrauchen):

100 g weiße Schokolade in Stücken in den Mixtopf geben und zerkleinern.	5 Sek. / Stufe 7
80 g Zucker, 250 g Sahne, 1 Ei zugeben und aufschlagen.	4 Sek. / Stufe 9
350 g Amaretto dazugeben und erhitzen.	7 Min. / 90° / Stufe 3
250 g Sahne dazugeben und unterrühren.	4 Sek. / Stufe 6

In Flaschen abfüllen und kalt stellen.

Rührteig:

250 g Margarine, 4 Eier, 180 g Zucker, 1 P. Vanillezucker in den Mixtopf geben und cremig rühren.	50 Sek. / Stufe 6
250 g Marzipanlikör, 350 g Mehl, 1 P. Backpulver dazugeben und unterrühren.	20 Sek. / Stufe 6

Den Teig in eine gefettete Kranzform geben und backen.

Backzeit: 180°, ca. 40 Min.

Vor dem Verzehr mit **Puderzucker** bestäuben.

Mohn-Streusel-Taler

Darf es noch ein Taler sein?

Bei uns in Bayern heißen sie Golatschen.

Dieses Rezept stammt von Renate Schneider. Die Taler schmecken einfach nur super. Ich esse sie am liebsten ganz frisch.

Haben Sie es eilig und der Hefeteig soll schneller gehen? Margarine, Milch, Zucker und Hefe 3 Min. auf 37° erwärmen und restliche Zutaten unterkneten.

Hefeteig:
25 g Margarine, 100 g Milch,
40 g Zucker, ½ W. Hefe, 1 Ei,
250 g Mehl, 1 Pr. Salz in den
Mixtopf geben und verarbeiten. 3 Min. / Knetstufe

Den Teig gehen lassen. Anschließend 12 Taler auf bemehlter Arbeitsfläche ausrollen und auf mit Backpapier belegte Bleche geben.

Quarkbelag:
250 g Magerquark, 1 Ei, 1 P. Vanillepuddingpulver in einer Schüssel verrühren. Die Masse gleichmäßig auf den Talern verteilen.

Mohnbelag:
100 g Mohn in den Mixtopf
geben und mahlen. 20 Sek. / Stufe 10
40 g Zucker, 200 g Milch,
60 g Gries, 40 g Margarine
dazugeben und aufkochen. 8 Min. / 100° / Stufe 1

Die Mohnmasse auf dem Quark gleichmäßig verteilen.

Streusel:
100 g Mehl, 70 g Margarine,
60 g Zucker in den Mixtopf
geben und verarbeiten. ca. 5 Sek. / Stufe 4

Die Taler damit bestreuen und nacheinander backen.

Backzeit: 180°, ca. 20 Min.

Evtl. mit **Puderzuckerglasur** bestreichen.

Mokkakranz

Ob Geburtstag, Kommunion oder Hochzeit, für Feste im Kreise Ihrer Lieben darf es etwas Besonderes sein! Dieser luftig-leichte Biskuitteig mit einer zartherben Kaffee-Sahne-Füllung erfreut alle!

Zum Schlagen von Eischnee muss der Mixtopf ganz trocken und fettfrei sein. Frisch gespülten Topf verschließen, 5 Sek. Turbo, anschließend die restlichen Wassertropfen nachtrocknen.

Den Kaffee können Sie auch in 1 - 2 TL heißem Wasser auflösen und zur Sahne geben.

Biskuitteig: Rühraufsatz einsetzen,
4 Eiweiß in den Mixtopf geben,
schlagen und umfüllen. 2 Min. / Stufe 4
Rühraufsatz einsetzen,
4 Eigelb, 150 g Zucker,
1 P. Vanillezucker,
40 g lauwarmes Wasser
in den Mixtopf geben und
cremig rühren. 3 Min. / Stufe 3
100 g Mehl, 60 g Speise-stärke, 2 TL Backpulver,
den Eischnee dazugeben
und unterrühren. 10 Sek. / Stufe 3

Den Teig in eine gefettete Kranzform geben und backen.

Backzeit: 180°, ca. 20 - 25 Min.

Füllung:
80 g Zucker, 3 TL lösliches Kaffeepulver in den Mixtopf
geben und mahlen. 15 Sek. / Stufe 10

2½ B. Sahne mit **2 P. Sahnesteif** schlagen und die gemahlene Mischung unterrühren.

Den erkalteten Kranz 2 x waagrecht durchschneiden. Mit 2/3 der Creme füllen und mit der restlichen Creme verzieren.

Mit **Schokostreuseln** und **Mokkabohnen** garnieren.

Nougat-Eierlikör-Torte

Wetten: Ehe Sie sich versehen, ist die Tortenplatte leer geputzt, was bei diesem tollen Geschmackserlebnis ja auch kein Wunder ist!

Biskuitteig:
100 g Nuss-Nougat (schnittfest) in Stücken in den Mixtopf geben und schmelzen. 2 Min. / 60° / Stufe 2
Rühraufsatz einsetzen,
4 Eier, 30 g lauwarmes Wasser,
130 g Zucker, 1 Pr. Salz
dazugeben und cremig rühren. 3 Min. / Stufe 3

75 g Mehl, 75 g Speise-stärke, 2 TL Backpulver
dazugeben und unterheben. 10 Sek. / Stufe 3

Den Teig in eine gefettete Springform geben und backen. / Backzeit: 180°, ca. 20 - 25 Min.

Füllung:
1½ P. Pulvergelatine mit **6 EL kaltem Wasser** verrühren und 10 Min. quellen lassen.

250 g Eierlikör in den Mixtopf geben.
Gelatine im Wasserbad auflösen.
Gerät einstellen auf 30 Sek. / Stufe 3
Gelatine durch die Deckelöffnung langsam zugeben, ca. 20 Min. in den Kühlschrank stellen.

2 B. Sahne schlagen, zum Eierlikör dazugeben und unterheben,
Spatel dabei verwenden. 25 Sek. / Stufe 4

Den erkalteten Boden waagrecht halbieren und mit einem Tortenring umschließen. Die Masse einfüllen und mit dem zweiten Boden bedecken.

Guss:
100 g Nuss-Nougat (schnittfest),
½ TL Margarine in den Mixtopf
geben und schmelzen. 2 Min. / 60° / Stufe 2

Die Torte damit überziehen und mit **gehackten Mandeln** bestreuen. Über Nacht kalt stellen. Mit einem ½ B. geschlagener **Sahne** verzieren und mit **Eierlikör** beträufeln.

Nusskranz

Frisch vom Blech - so schmeckt's lecker!

Für überraschenden Besuch ist gesorgt. Dieser Kranz lässt sich ganz einfach und schnell zubereiten und schmeckt lauwarm besonders gut.

Der Mixtopf muss dazwischen nicht gespült werden.

Quark-Öl-Teig:
250 g Magerquark, 60 g Öl, 80 g Zucker, 1 P. Vanillezucker, 1 Pr. Salz, 320 g Mehl, 1 P. Backpulver in den Mixtopf geben und verarbeiten. 40 Sek. / Stufe 5

Den Teig auf bemehlter Arbeitsfläche zu einem Rechteck von ca. 40 x 35 cm ausrollen.

Füllung:
200 g Haselnüsse, 100 g Zucker, ½ Fläschchen Bittermandelaroma, 1 Eiweiß, ca. 60 g Wasser in den Mixtopf geben und zu einer zähflüssigen Masse vermischen. 10 Sek. / Stufe 8
Die Masse mit dem Spatel nach unten schieben, evtl. noch etwas Wasser dazugeben und verrühren. 1 - 2 Sek. / Stufe 7

Die Füllung auf dem Teig verstreichen und von der langen Seite her aufrollen. Zu einem Kranz schließen oder als Halbkreis auf ein mit Backpapier belegtes Blech legen. Den Teig zickzackförmig einschneiden.

1 Eigelb mit **1 EL Milch** vermischen, den Kranz damit bestreichen und backen.

Backzeit: 180°, ca. 40 Min.

Pflaumen-Quark-Kuchen

Herrlich cremiger Pflaumenkuchen so süß, so saftig und doch so leicht.

Der Mixtopf muss mal wieder nicht gespült werden.

Mürbteig:
270 g Mehl, 2 TL Backpulver,
60 g Zucker, 1 P. Vanillezucker,
120 g Margarine, 1 Ei in den
Mixtopf geben und verarbeiten. 40 Sek. / Stufe 5

Den Teig in eine gefettete Springform geben und einen Rand hochziehen.

Belag:
380 g Magerquark, 100 g Zucker,
50 g weiche Margarine, 1 Ei,
40 g Speisestärke in den Mixtopf geben und cremig rühren. 40 Sek. / Stufe 3

400 g entsteinte und in kleine Würfel geschnittene **Pflaumen** oder **Zwetschgen** dazugeben und vorsichtig mit dem Spatel unterheben.

Die Masse auf den Teig streichen und backen.

Backzeit: 180°, ca. 50 Min.

Guss:
½ P. klaren Tortenguss,
10 g Zucker, 130 g Wasser
in den Mixtopf geben und
kochen. 4 Min. / 100° / Stufe 2

Den Guss auf dem lauwarmen Kuchen verteilen und gut durchkühlen lassen.

Preiselbeer-Sahnetorte

Wenn's mal schnell gehen muss und es nicht nur ein Rührkuchen sein soll, ist diese Torte genau richtig. Sie ist sehr, sehr lecker. Danke an Karola Betz für dieses Rezept!

Hat man den Boden gebacken und keine Lust mehr zum Weitermachen, evtl. noch einen Schokoguss darüber geben und essen - das schmeckt auch sehr gut.

Abwandlung: Doppelte Menge für ein Backblech, die Sahne mit in Weißwein getauchten Butterkeksen belegen und mit Schokoguss besprenkeln.

Biskuitteig:

200 g Haselnüsse in den Mixtopf geben, mahlen und umfüllen.	8 Sek. / Stufe 10
Rühraufsatz einsetzen, **6 Eier, 150 g Zucker** in den Mixtopf geben und cremig rühren.	5 Min. / Stufe 3
Gemahlene Nüsse (kein Backpulver) dazugeben und unterheben.	10 Sek. / Stufe 3

Den Teig in eine gefettete Springform geben und backen.

Backzeit: 180°, ca. 35 Min.

Belag:

2 B. Sahne mit **1 P. Sahnesteif** schlagen.

Den erkalteten Boden mit **3 - 4 EL Rum** tränken.

3 geh. EL Preiselbeeren darauf verstreichen, mit Sahne einstreichen und beliebig verzieren. Den Rand mit **Schokostreusel** bestreuen und mit **Preiselbeeren** garnieren.

Quarkmäuse

Ein lockerer Quarkteig knusprig gebacken. Lassen Sie sich diese Gaumenfreude nicht entgehen!

Servieren Sie die Quarkmäuse ganz frisch, am besten noch lauwarm, so mag man sie am liebsten!

Sollten ein paar Mäuse übrig bleiben: Diese einfrieren und im Ofen wieder aufbacken, sie schmecken wie frisch gebacken.

Dieses leckere Rezept habe ich von meiner Tante Marie aus Hagenhill.

Tipp von Günter: Gefüllt mit Marmelade wären sie noch besser!

Quarkteig:
200 g Magerquark, 100 g Zucker, 80 g Margarine, 1 P. Vanillezucker, 2 Eier, 300 g Mehl, 2 TL Backpulver, 1 P. Vanillepuddingpulver, 1/3 Fläschchen Rumaroma, evtl. 30 g Rosinen
in den Mixtopf geben und
verrühren. 25 Sek. / Stufe 4

Den Teig mit einem Esslöffel abstechen und in der Fritteuse oder einem Topf mit Fett (schwimmend) von beiden Seiten goldbraun backen.

Ergibt ca. 15 Stück

Backzeit: 180°, ca. 10 - 12 Min.

Vor dem Verzehr mit **Puderzucker** bestäuben.

Rhabarber-Apfelkuchen

Ein fruchtiges Vergnügen dank der Rhabarber-Apfelmischung!

Süße Vielfalt: Anstelle von Äpfeln schmecken auch Birnen!

Der Mixtopf muss dazwischen nicht gespült werden.

Belag:
1,2 kg geschälten und in kleine Stücke geschnittenen **Rhabarber** mit **70 g Zucker** vermischen und ziehen lassen.

Quark-Öl-Teig:
250 g Magerquark, 1 Ei,
80 g Öl, 2 P. Vanillezucker,
80 g Zucker, 400 g Mehl,
1 P. Backpulver in den Mix-
topf geben und verkneten. 30 Sek. / Stufe 6

Den Teig auf ein gefettetes Blech (ca. 30 x 40 cm) mit Backrahmen geben.

Belag:
50 g Margarine in den Mix-
topf geben und schmelzen. ca. 2 Min. / 50° / Stufe 1

Auf den Teig gießen und mit einem Pinsel verteilen.

550 g (vorbereitet gewogen) ge-
schälte und in Viertel geschnittene
Äpfel in den Mixtopf geben
und zerkleinern. ca. 5 Sek. / Stufe 3 - 4

Äpfel und den abgetropften Rhabarber auf dem Teig verteilen.

Streusel:
150 g Mehl, 80 g Margarine,
½ P. Vanillezucker, 50 g Zucker,
1 TL Zimt in den Mixtopf
geben und verarbeiten. 10 Sek. / Stufe 6

Die Streusel auf das Obst geben und backen.

Backzeit: 180°, ca. 40 Min.

Rhabarber-Baiserkuchen

Eine süße Nascherei, die auch mit Johannisbeeren gut schmeckt!

Der Kuchen muss gut vorgebacken sein, bevor man das Baiser darauf gibt. Jedoch aufpassen, dass das Baiser nicht zu dunkel wird.

Der Mixtopf muss zum Eischnee schlagen fett-frei und ganz trocken sein.

Rührteig:

300 g Margarine, 4 Eier, 6 Eigelb, 250 g Zucker, 2 P. Vanillezucker in den Mixtopf geben und cremig rühren.	1 Min. / Stufe 5
300 g Mehl, 150 g Speisestärke, 1 P. Backpulver dazugeben und unterrühren, Spatel zum Mitrühren verwenden.	30 Sek. / Stufe 6

Den Teig auf ein gefettetes Blech (30 x 40 cm) mit Backrahmen geben.

1,2 kg geschälten und in kleine Stücke geschnittenen **Rhabarber** mit **100 g Zucker** vermischen, auf dem Teig verteilen und vorbacken.

Backzeit: 180°, ca. 35 - 40 Min.

Baiser: Rühraufsatz einsetzen,

6 Eiweiß in den Mixtopf geben und schlagen.	2 Min. / Stufe 4
100 g Zucker dazugeben und unterrühren.	30 Sek. / Stufe 4

Eischnee auf den vorgebackenen Kuchen streichen, mit **70 g Mandelblättchen** bestreuen und ca. 10 - 15 Min. bei gleicher Temperatur weiterbacken.

Rhabarber-Donauwelle

Herrlich frisch und aromatisch: Rhabarber so richtig zum Schlemmen!

Hier bin ich ganz stolz, wie glatt der Guss wird und wie gut man ihn schneiden kann. Für die klassische Variante Kirschen verwenden.

Pudding für die Creme:
450 g Milch, 50 g Zucker,
1 P. Vanillepuddingpulver in den
Mixtopf geben und kochen. 7 Min. / 90° / Stufe 3

Pudding umfüllen, mit Frischhaltefolie bedecken, damit er keine Haut bekommt und auskühlen lassen.

Rührteig:
280 g Margarine, 3 Eier,
180 g Zucker in den Mixtopf
geben und cremig rühren. 50 Sek. / Stufe 5
30 g Sahne, 200 g Mehl,
2 TL Backpulver unterrühren. 20 Sek. / Stufe 5
Die Hälfte des Teiges in eine gefettete Springform geben und glatt streichen.

Zum Rest **10 g Kakao, 20 g Sahne**
dazugeben und unterrühren. 5 Sek. / Stufe 4
Auf dem hellen Teig verstreichen. **300 g** geschälten und in kleine Stücke geschnittenen **Rhabarber** auf dem Teig verteilen, etwas andrücken und backen.

Backzeit: 180°, ca. 40 - 45 Min.

Creme:
100 g zimmerwarme Butter oder
Margarine in den Mixtopf geben.
Gerät einstellen auf 1 Min. / Stufe 3
Den zimmerwarmen Pudding löffelweise durch die Deckelöffnung geben. Danach evtl. kurz auf Stufe 4 - 5 hoch schalten. Die Creme auf dem erkalteten Kuchen verstreichen.

Guss:
25 g Kokosfett, 120 g Zartbitter-
kuvertüre in Stücken in den
Mixtopf geben und schmelzen. ca. 3 Min. / 60° / Stufe 2

Kuchen mit einem Tortenring umschließen, Guss auf die Creme gießen und mit einem Pinsel verteilen.

Rhabarber-Quark-Kuchen

Nun ist Rhabarber reif für köstliche Kuchen und Torten! Dieser hier wird bestimmt auch Ihr Lieblingskuchen, probieren Sie ihn einfach aus!

Vielen Dank an Waltraud Haas für dieses leckere Rezept.

Schmeckt auch mit Sauerkirschen oder Äpfeln (evtl. mit Rum-Rosinen vermischt) sehr gut.

Der Mixtopf muss dazwischen nicht gespült werden.

Mürbteig:
250 g Mehl, 60 g Zucker,
1 P. Vanillezucker, 1 Ei,
130 g Margarine in den Mixtopf geben und verkneten. 40 Sek. / Stufe 5

Den Teig in eine gefettete Springform geben.

Belag:
100 g Margarine, 2 Eier,
150 g Zucker, 2 P. Vanillezucker, 500 g Magerquark,
80 g Speisestärke, 1 TL Backpulver in den Mixtopf
geben und cremig rühren. 30 Sek. / Stufe 5
500 g geschälten und in kleine Stücke geschnittenen **Rhabarber** dazugeben und unterheben. 10 Sek. / ↶ / Stufe 4

Die Masse auf den Teig gießen und backen.

Backzeit: 180°, ca. 45 Min.

Rhabarber-Vanillekuchen mit Streuseln

Alle lieben Streuselkuchen!

Den Rhabarber können Sie durch beliebiges Obst ersetzen.

Belag:
300 g geschälten und in kleine Stücke geschnittenen **Rhabarber** mit ca. **30 g Zucker** bestreuen und 30 Min. ziehen lassen.

Rührteig:
100 g Margarine, 80 g Zucker,
1 P. Vanillezucker, 2 Eier,
80 g Schmand in den Mixtopf
geben und cremig rühren. 30 Sek. / Stufe 4
180 g Mehl, 2 TL Backpulver
dazugeben und unterrühren. 15 Sek. / Stufe 4

Den Teig in eine gefettete Springform geben und vorbacken.

Backzeit: 180°, 15 Min.

Pudding:
1 P. Vanillepuddingpulver,
40 g Zucker, 380 g Milch
in den Mixtopf geben und kochen. 7 Min. / 90° / Stufe 3
120 g Schmand dazugeben und
unterrühren. 10 Sek. / Stufe 3

Den Pudding auf den vorgebackenen Kuchen streichen und den gut abgetropften Rhabarber darauf verteilen.

Streusel:
150 g Mehl, 100 g Zucker,
80 g Margarine in den Mixtopf geben und verarbeiten. ca. 10 Sek. / Stufe 5

Die Streusel auf dem Rhabarber verteilen und bei gleicher Temperatur ca. 35 - 40 Min. weiter backen.

Rumschnitten

Rührteig:

250 g Margarine, 6 Eier,
250 g Zucker in den Mixtopf
geben und cremig rühren. 50 Sek. / Stufe 6
120 g Mehl, 20 g Kakao,
2 TL Backpulver dazugeben
und unterrühren. 20 Sek. / Stufe 5

Den Teig auf ein gefettetes Blech (ca. 30 x 40 cm) mit Backrahmen streichen und backen.

Backzeit: 180°, ca. 20 - 25 Min.

Belag:

180 g Zucker in den Mixtopf geben und mahlen. 15 Sek. / Stufe 10

200 g Haselnüsse dazugeben und mahlen. 5 Sek. / Stufe 10

30 g Rum, ca. 50 g Wasser dazugeben und zu einer streichfähigen Masse verrühren. 10 Sek. / Stufe 4

Die Nussmasse auf den erkalteten Boden streichen.

Guss:

70 g Palmin, 70 g Vollmilchschokolade, 140 g Zartbitterschokolade jeweils in Stücken in den Mixtopf geben und schmelzen. 5 Min. / 60° / Stufe 2

Den Guss auf den Kuchen gießen.

Kalt in kleine Stücke schneiden. Das Messer vorher in heißes Wasser tauchen.

Anstelle von Rum können Sie auch Rumaroma verwenden, dann jedoch die Wassermenge erhöhen.

Der Kuchen sollte beim Verzehr Zimmertemperatur haben.

Schokobananen

Ein schönes Mitbringsel aus der Küche!

Schnellvariante: Den Boden mit halbierten Bananen belegen, die Buttercreme darauf streichen und mit einem Schokoladenguss überziehen bzw. besprenkeln.

Geronnene Buttercreme retten: 3 - 5 Min. auf 50° / Stufe 1 erwärmen, bis sie gebunden ist, danach abkühlen lassen und weiterverarbeiten.

Ist Ihnen eine Buttercreme zu aufwendig, verwenden Sie doch die Creme von den Eierlikör-Rumschnitten.

Biskuitteig: Rühraufsatz einsetzen,
5 Eier, 180 g Zucker, 130 g Öl,
130 g lauwarmes Wasser in den
Mixtopf geben und cremig rühren. 3 Min. / Stufe 3
250 g Mehl, 10 g Kakao,
2 TL Backpulver dazugeben
und unterrühren. 10 Sek. / Stufe 3

Den Teig auf ein gefettetes Blech (ca. 30 x 40 cm) mit Backrahmen geben und backen.

Backzeit: 180°, ca. 20 Min.

Buttercreme:
1 P. Vanillepuddingpulver,
50 g Zucker, 450 g Milch in
den Mixtopf geben und kochen. 7 Min. / 90° / Stufe 3

Pudding umfüllen, mit Frischhaltefolie bedecken, damit er keine Haut bekommt und auskühlen lassen.

200 g zimmerwarme Butter oder
Margarine in den Mixtopf geben.
Gerät einstellen auf 1 Min. / Stufe 3
Den zimmerwarmen Pudding löffelweise durch die Deckelöffnung geben. Danach evtl. kurz auf Stufe 4 - 5 hoch schalten.

Die Buttercreme auf den erkalteten Boden streichen.

Mit **8 - 10 Bananen** (halbiert) belegen. Die Bananen mit einem Messer ausschneiden.

Mit einem **Schokoladenguss** vorsichtig einstreichen und mit etwas **Haselnussguss** besprenkeln.

Schokoladen-Kokos-Schnitten

Schokolade ist süß, sinnlich und macht glücklich. Schokolade hebt die Stimmung!

Hier ein Rezept, das garantiert gute Laune macht (...außer man isst zuviel davon).

Erhitzte Sahne immer über Nacht kalt stellen, ansonsten wird sie nicht richtig fest.

Belag:
120 g Zartbitterschokolade
in Stücken, **2½ B.** flüssige **Sahne**
in den Mixtopf geben und er-
hitzen, bis sich die Schokolade
aufgelöst hat. 5 Min. / 60° / Stufe 2

Die Schokosahne über Nacht kalt stellen.

Rührteig:
250 g Margarine, 1 P. Vanillezucker,
250 g Zucker, 5 Eier in den Mix-
topf geben und cremig rühren. 50 Sek. / Stufe 5
250 g Milch, 40 g Kokosflocken
400 g Mehl, 30 g Kakao,
1 P. Backpulver dazugeben
und unterrühren. 30 Sek. / Stufe 6

Den Teig auf ein gefettetes Blech (ca. 30 x 40 cm) mit Backrahmen streichen und backen.

Backzeit: 180°, ca. 25 - 30 Min.

Die Schokosahne steif schlagen und auf den erkalteten Boden streichen.

Mit **Kokosflocken, Schokoblättchen** bzw. **Schokostreusel** bestreuen. Mit einem **½ B.** geschlagener **Sahne** und **Dekorblättern** verzieren.

Schokoladenkuchen Ruck Zuck

Einfach zum Vernaschen!

Mehl, Nüsse, etwas Schokolade, einen Apfel und eine Minute Zeit zum Rühren - recht viel mehr brauchen Sie für diesen Kuchen nicht!

Er schmeckt auch nach ein paar Tagen noch gut. Ich backe ihn am liebsten mit einem Apfel. Sie können 80 g Öl durch Milch ersetzen.

Schalten Sie bei Rührkuchen die letzten paar Sekunden auf Linksstufe, das gibt zusätzlich Luft in den Teig und der Kuchen wird lockerer.

Rührteig:
4 Eier, 200 g Öl, 180 g Zucker, 100 g Haselnüsse, 100 g Zartbitterschokolade in Stücken, **1 Apfel oder 1 Karotte oder 1 Banane** in Stücken, **200 g Mehl, 1 P. Backpulver** in den Mixtopf geben und cremig rühren. 1 Min. / Stufe 6

Den Teig in eine gefettete Kranzform geben und backen.

Backzeit: 180°, ca. 45 - 50 Min.

Mit einem **Schokoladenguss** überziehen und mit **gehackten Mandeln** bestreuen.

Schwimmbad-Torte

Gehen Sie ins Schwimmbad oder essen Sie lieber diese Torte, das ist jetzt Ihre Entscheidung!

Biskuitteig: Rühraufsatz einsetzen,
3 Eier, 100 g Zucker in den Mixtopf geben und cremig rühren. 3 Min. / Stufe 3
100 g Mehl, 2 TL Backpulver dazugeben und unterheben. 10 Sek. / Stufe 3

Den Teig in eine gefettete Springform geben und backen.

Backzeit: 180°, ca. 15 Min.

Belag:
Von **1 kleinen Dose Ananas (565 g)** den Saft auffangen und Ananas in kleine Stücke schneiden.

450 g Flüssigkeit (Saft + Wasser),
10 g Zucker, 1 P. Vanillepuddingpulver in den Mixtopf geben und kochen. 7 Min. / 90° / Stufe 3
Ananas dazugeben und nur mit dem Spatel unterheben. 15 Min. abkühlen lassen.

Den erkalteten Boden mit einem Tortenring umschließen, die Puddingmasse darauf streichen. **2 B. Sahne** mit **1 P. Sahnesteif** schlagen und auf dem kalten Pudding verteilen.

Teigdeckel: **2 Eiweiß** in den Mixtopf geben und schlagen. 2 Min. / Stufe 4
80 g Zucker, 50 g Mandelblättchen dazugeben, unterrühren und <u>umfüllen</u>. 10 Sek. / ↶ / Stufe 2

50 g Margarine, 50 g Zucker, 2 Eigelb in den Mixtopf geben und cremig rühren. 50 Sek. / Stufe 4
70 g Mehl, ¼ TL Backpulver dazugeben und unterheben. 10 Sek. / Stufe 4

Den Teig in eine gefettete Springform geben, Eischnee-Mandelmasse darauf verteilen und backen.
Backzeit: 180°, ca. 25 Min.

Sofort nach dem Backen in Stücke schneiden, sobald diese kalt sind, auf die Torte setzen.

Stachelbeer-Frischkäse-Torte

Rührteig:

200 g Margarine, 4 Eier,
200 g Zucker, 1 P. Vanillezucker in den Mixtopf geben
und cremig rühren. — 50 Sek. / Stufe 4
200 g Mehl, 2 TL Backpulver
dazugeben und unterrühren. — 10 Sek. / Stufe 5

Die Hälfte des Teiges in eine gefettete Springform geben, mit **40 g gehackten Mandeln, 1 TL Zucker** bestreuen und backen. Mit dem Rest genauso verfahren. / Backzeit: 180°, ca. 20 - 25 Min.

Füllung:

$2\frac{1}{2}$ TL Pulvergelatine (= 4 Blatt) mit **3 EL kaltem Wasser** verrühren und 10 Min. quellen lassen.

1 Glas Stachelbeeren (720 ml) abtropfen lassen, Saft dabei auffangen und mit **Wasser** auf 380 ml Flüssigkeit auffüllen.

1 P. klaren Tortenguss, 20 g Zucker,
250 g Flüssigkeit in den Mixtopf
geben und kochen. 5 Min. / 100° / Stufe 3
Stachelbeeren dazugeben und nur mit dem Spatel unterrühren.

Den erkalteten Boden mit einem Tortenring umschließen, Masse einfüllen und kalt werden lassen.

1 B. **Sahne** schlagen.

300 g Doppelrahm-Frischkäse, Saft von einer $\frac{1}{2}$ Zitrone, 80 g Zucker,
restliche Flüssigkeit in den Mixtopf geben und cremig rühren. 30 Sek. / Stufe 4
Gelatine im Wasserbad auflösen.
Gerät einstellen auf 25 Sek. / Stufe 4
Gelatine durch die Deckelöffnung langsam zugeben.
Die geschlagene Sahne dazugeben und unterheben. 8 Sek. / Stufe 4

Die Masse auf die Stachelbeeren streichen und den zweiten Boden auflegen. Über Nacht kalt stellen.

Stachelbeerschnitten

Jetzt sind die Beeren los! Diese Schnitten schmecken nach mehr, am besten einfach ausprobieren, Sie werden es nicht bereuen!

Biskuitteig: Rühraufsatz einsetzen,
7 Eier, 130 g Zucker,
1 P. Vanillezucker in den Mixtopf geben und cremig rühren. 6 Min. / Stufe 3
160 g Mehl, 2 TL Backpulver
dazugeben und unterheben. 10 Sek. / Stufe 3

Den Teig auf ein gefettetes Blech (ca. 30 x 40 cm) mit Backrahmen streichen und backen.

Backzeit: 180°, ca. 15 Min.

Belag:
2 Gläser Stachelbeeren (á 720 ml) abtropfen lassen, Saft dabei auffangen.

Am besten den Gareinsatz in den Mixtopf geben und die Beeren darin abtropfen lassen.

Pudding:
Saft der Stachelbeeren,
2 P. Vanillepuddingpulver,
50 g Zucker in den Mixtopf
geben und kochen. 7 Min. / 90° / Stufe 3

Stachelbeeren dazugeben und nur mit dem Spatel unterrühren, ca. 10 Min. abkühlen lassen und auf den erkalteten Boden streichen.

3 B. Sahne steif schlagen und auf die kalte Puddingmasse streichen. Mit **200 g Butterkeksen** belegen.

Mit einer **Puderzuckerglasur (ca. 80 g Zucker, Saft von einer ½ Zitrone)** bestreichen und mit bunten **Zuckerstreuseln** garnieren.

Über Nacht kalt stellen.

Verwenden Sie frische Stachelbeeren, müssen diese vorher gekocht werden. 2 Gläser Stachelbeeren entsprechen 800 g Früchten, 600 g Saft.

Stachelbeer-Streuselkuchen

„Süßes, sonst gibt's Saures!"

Hier können Sie beides gleich in einem haben!

Der Mixtopf muss dazwischen nicht gespült werden.

Rührteig:
250 g Margarine, 180 g Zucker,
4 Eier, 1 P. Vanillezucker,
100 g Mandeln in den Mixtopf
geben und cremig rühren. 50 Sek. / Stufe 6
200 g Mehl, 1 P. Backpulver,
80 g Speisestärke, 30 g Milch
dazugeben und unterrühren. 20 Sek. / Stufe 6

Den Teig auf ein gefettetes Blech (ca. 30 x 40 cm) mit Backrahmen geben und glatt streichen.

Mit **600 g Stachelbeeren** belegen.

Streusel:
250 g Mehl, 140 g Margarine,
100 g Zucker in den Mixtopf
geben und verarbeiten. ca. 10 Sek. / Stufe 5

Die Streusel auf dem Kuchen verteilen, mit ca. **50 g gehackten Mandeln** bestreuen und backen.

Backzeit: 180°, ca. 50 - 55 Min.

Tiramisu-Schnitten

Wer kann hier schon widerstehen?

Biskuitteig: Rühraufsatz einsetzen,
4 Eier, 100 g Zucker in den Mixtopf geben und cremig rühren. 5 Min. / Stufe 3
140 g Mehl, 2 TL Backpulver, 10 g Kakao, 1 Pr. Salz dazugeben und unterheben. 15 Sek. / Stufe 3

Den Teig auf ein gefettetes Blech (ca. 30 x 40 cm) mit Backrahmen geben und backen.

Backzeit: 180°, ca. 8 - 10 Min.

Zum Tränken:
ca. 180 ml starken kalten Kaffee und
ca. 100 ml Amaretto vermischen.

Mit der Hälfte davon den erkalteten Boden tränken.

Belag:
3 B. Sahne steif schlagen.

50 g Amaretto, 80 g Zucker,
500 g Mascarpone, 250 g Mager-
quark, 1 P. Soßenpulver Vanille
in den Mixtopf geben und cremig
rühren, Spatel zum Mitrühren
verwenden. ca. 25 Sek. / Stufe 4
Die geschlagene Sahne dazu-
geben und unterheben. ca. 20 Sek. / Stufe 6

Zum Schluss mit dem Spatel gut durchrühren.

Ca. 1/3 davon auf dem Boden verteilen. Mit **200 g Biskuitstäbchen** belegen. Diese mit dem restlichen Kaffee-Amaretto-Gemisch tränken und mit der Creme bestreichen.

Über Nacht durchziehen lassen.

Vor dem Verzehr mit **Kakao** bestäuben.

Tiramisu-Torte

Da kommt man(n) ins Schwärmen!

Mahlen Sie Puderzucker am besten auf Vorrat!

Biskuitteig: Rühraufsatz einsetzen,
3 Eier, 150 g Zucker in den Mixtopf geben und cremig rühren. 3 Min. / Stufe 3
150 g Mehl, 2 TL Backpulver, 15 g Kakao dazugeben und unterheben. 10 Sek. / Stufe 3

Den Teig in eine gefettete Springform geben und backen. / Backzeit: 180°, ca. 15 Min.

Belag:

1½ P. Pulvergelatine mit **6 EL kaltem Wasser** verrühren und 10 Min. quellen lassen.

2 B. Sahne schlagen.

Rühraufsatz einsetzen,
4 Eiweiß in den Mixtopf
geben, schlagen und umfüllen. 2 Min. / Stufe 4
500 g Mascarpone, 4 Eigelb,
100 g Puderzucker,
80 g Amaretto in den Mixtopf geben und verrühren. 15 Sek. / Stufe 5
Gelatine im Wasserbad auflösen.
Gerät einstellen auf 25 Sek. / Stufe 3
Gelatine durch die Deckel öffnung langsam zugeben.
Die geschlagene Sahne, den Eischnee dazugeben und unterheben, Spatel dabei verwenden. 20 Sek. / Stufe 4
Die Masse ca. 20 Min. in den Kühlschrank stellen.

200 g Biskuitstäbchen mit **1 Tasse kaltem, gesüßtem Kaffee tränken** (auf jedes Stäbchen ca. 2 TL Kaffee geben). Den erkalteten Boden mit einem Tortenring (10 cm hoch) umschließen. Etwas Creme auf den Boden geben, mit der Hälfte der Biskuitstäbchen belegen und mit Creme bedecken, restliche Stäbchen darauf verteilen und Rest Creme einfüllen.

Über Nacht durchziehen lassen. Mit **Kakao** bestäuben.

Zitronen-Keks-Schnitten

Erfrischender Hochgenuss!

Mögen Sie die Schnitten nicht so „zitronig", einfach den Zitronensaft im Teig durch Mineralwasser oder Milch ersetzen und die Zuckerglasur mit Wasser anrühren.

Je nach Belieben z.B. mit bunten Zuckerstreuseln verzieren.

Rührteig:

200 g Margarine, 4 Eier,
180 g Zucker, 1 P. Vanille-zucker in den Mixtopf geben und cremig rühren. 50 Sek. / Stufe 5

250 g Mehl, 2 TL Backpulver, Saft von 1½ Zitronen dazugeben und unterheben. 10 Sek. / Stufe 6

Den Teig auf ein gefettetes Blech (ca. 30 x 40 cm) mit Backrahmen geben und backen.

Backzeit: 180°, ca. 25 - 30 Min.

Belag:

2 P. Vanillepuddingpulver,
80 g Zucker, 900 g Milch in den Mixtopf geben und kochen. 10 Min. / 90° / Stufe 3

Den heißen Pudding auf den erkalteten Boden gießen.

2 B. Sahne steif schlagen und auf dem kalten Pudding verstreichen.

Mit **200 g Butterkeksen** belegen.

Mit einer **Puderzuckerglasur (ca. 80 g Zucker, Saft von einer ½ Zitrone)** bestreichen.

Zwetschgen-Mandelkuchen

Herrliche Pflaumenzeit! Bäumchen schüttel Dich für diesen saftigen Kuchen!

Quark-Öl-Teig:
75 g Margarine, 130 g Magerquark, 60 g Öl, 30 g Milch, 75 g Zucker, 1 P. Vanillezucker, 300 g Mehl, 1 P. Backpulver
in den Mixtopf geben und verarbeiten. 40 Sek. / Stufe 5

Den Teig in eine gefettete Springform geben und einen Rand hochziehen.

Der Mixtopf muss dazwischen nicht gespült werden.

Belag:
200 g Mandeln in den Mixtopf
geben, mahlen und umfüllen. 10 Sek. / Stufe 10

Rühraufsatz einsetzen,
2 Eiweiß in den Mixtopf
geben und schlagen. 2 Min. / Stufe 4
Rühraufsatz entfernen,
30 g Zucker, die gemahlenen Mandeln dazugeben und unterrühren. ca. 5 Sek. / Stufe 4

Die Masse auf den Teig streichen.

500 g entsteinte und halbierte **Zwetschgen** oder **Pflaumen** in die Masse stecken.

Streusel:
30 g Mandeln in den Mixtopf geben und hacken. ca. 6 Sek. / Stufe 6
60 g Margarine, 80 g Mehl,
30 g Zucker, ½ TL Zimt
dazugeben und verarbeiten. 20 Sek. / Stufe 5

Die Streusel auf den Früchten verteilen und backen.

Backzeit: 180°, ca. 40 Min.

Zwetschgen-Mascarpone-kuchen

Alle lieben Käsekuchen!

Durch den Mascarpone etwas gehaltvoll, dafür aber sehr cremig und total lecker und man wird auch schon von einem kleinen Stück satt.

Die Früchte können Sie z.B. durch Pfirsiche austauschen.

Der Mixtopf muss dazwischen nicht gespült werden.

Mürbteig:
270 g Mehl, 2 TL Back-pulver, 120 g Margarine, 60 g Zucker, 1 P. Vanille-zucker, 1 Ei in den Mixtopf geben und verarbeiten. 40 Sek. / Stufe 5

Den Teig in eine gefettete Springform geben und einen Rand hochziehen.

Belag:
500 g Mascarpone, 500 g Mager-quark, 4 Eier, 200 g Zucker, 1 P. Vanillepuddingpulver, 30 g Zitronensaft in den Mix-topf geben und cremig rühren. 40 Sek. / Stufe 6

250 g entsteinte und in kleine Würfel geschnittene **Zwetschgen** oder **Pflaumen** dazugeben und nur mit dem Spatel vorsichtig unterheben.

Die Masse auf den Teig streichen und backen.

Backzeit: 180°, ca. 55 Min.

Zwetschgen-Mohnschnecke

Hört sich komplizierter an, als es ist! Für Eilige: Den Teig halbieren, eine Hälfte in eine gefettete Springform geben, Mohnmasse darauf verteilen, restlichen Teig ausrollen und auflegen. Mit Zwetschgen belegen.

Der Mixtopf muss dazwischen nicht gespült werden.

Hefeteig:
150 g Milch, 1 P. Vanillezucker,
60 g Zucker, 100 g Margarine,
¾ W. Hefe in den Mixtopf
geben und erwärmen. 3 Min. / 37° / Stufe 2

400 g Mehl, 1 Prise Salz, 1 Ei
dazugeben und verarbeiten. 1½ Min. / Knetstufe

Den Teig gehen lassen (bis der Mixtopf voll ist).

Füllung:
60 g Marzipan-Rohmasse
in den Mixtopf geben,
raspeln und umfüllen. 4 Sek. / Stufe 6
80 g Mohn in den Mixtopf
geben und mahlen. 15 Sek. / Stufe 10
100 g Milch, 20 g Zucker,
1 Pr. Salz dazugeben und
aufkochen. 4 Min. / 100° / Stufe 1
Marzipanraspel unterrühren. 5 Sek. / Stufe 3
1 leicht geh. EL Speisestärke
mit **2 EL Wasser** anrühren,
1 Eigelb unterrühren.
Gerät einstellen auf 10 Sek. / Stufe 3
und das Gemisch durch die Deckelöffnung geben.

Den Teig auf bemehlter Arbeitsfläche zu einem Rechteck von ca. 40 x 35 cm ausrollen und der Länge nach in drei Streifen teilen. Die Mohnmasse darauf verteilen und die Streifen von der Längsseite her aufrollen. Diese dann spiralförmig in eine gefettete Springform legen.

400 g entsteinte und geviertelte **Zwetschgen** oder **Pflaumen** zwischen die Teigrollen stecken. Die Rollen mit **2 EL Milch** bepinseln und backen.

Backzeit: 180°, ca. 40 Min.

Rezeptverzeichnis:

Rezeptverzeichnis:

Rezeptverzeichnis:

Band 1: „Leckere Kuchen blitzschnell gezaubert“

zu bestellen bei Christine Haas, Tel.: 08405 913996
e-mail: Haas-Ch@web.de

Apfel-Eierlikör-kuchen

Apfel-Marmor-kranz

Baileys®-Nuss-kuchen

Bananen-Kokos-kuchen

Blitzkäsekuchen

Brownies

Cappuccino-Kuchen

Celebrations®-Kuchen

Cognac-Kuchen

Himbeer-Sand-kuchen

Kaffeekuchen

Karottenkuchen

Kartoffelkuchen

Kirsch-Marzipan-kuchen

Kokoskuchen

Marmor-Schoko-kuchen

Marzipankuchen

Milch-Schokoladen-kuchen

Mohnkuchen Martina

Nusskuchen nach Omas Art

Nuss-Nougat-kuchen

Oster-Schokohase

Proseccokuchen

Sacherschnitten

Silberkuchen

Studentenfutter-Kuchen

Walnuss-Schnitten

Zitronenkuchen mit Schokoguss

Band 2: „Torten Schnitten Kuchen, die müssen Sie versuchen"

zu bestellen bei Christine Haas, Tel.: 08405 913996
e-mail: Haas-Ch@web.de

Amaretto-Nussecken

Apfel-Streusel-kuchen

Bananen-Rum-bombe

Bienenstich

Birnen-Sekt-kuchen

Erdbeerbombe

Erdbeer-schnitten

Feuerwehr-kuchen

Fruchtsterne

Heidelbeer-schnitten

Himbeer-Frisch-käse-Torte

Johannisbeer-Tiramisu-Torte

Johannisbeer-Zupfkuchen

Käsekuchen

Kirsch-Schoko-schnitten

Moccaschnitten

Mohn-Klecksel-kuchen

Mohntorte

Müsliriegel

Nuss-Marzipan-zopf

Obstgarten-Torte

Obsttörtchen

Pfirsich-Schmand-kuchen

Pflaumen-Nuss-Torte

Rhabarber-Puddingschnitten

Rosenkuchen

Schmandkuchen

Zimt-Mandarinen-schnitten

Band 4: „Himmlische Plätzchen wie von Engeln gebacken"

zu bestellen bei Christine Haas, Tel.: 08405 913996
e-mail: Haas-Ch@web.de

Baumkuchen-spitzen

Café-Monde und -Sterne

Dattelmakronen

Dukatenplätzchen

Glücks-schweinchen

Kirschsterne

Kokoswürfel

Kokoskringel

Kokos-Marzipan-Pralinen

Lebkuchen Mudl

Lebkuchen-schnitten

Mandelwellen

Marzipan-Walnuss-Pralinen

Nougatbissen

Nougatsternchen

Nussbeißer

Rumkugeln

Schokoladen-busserl

Schoko-Mandel-kekse

Schoko-Nüssli

Stollenplätzchen

Stracciatella-Häufchen

Tatzen

Teegebäck

Vanillestangen

Walnuss-häppchen

Zimtkugeln

Zitronen-Schokokugeln

Band 5: „drunter & drüber“ Brote, Semmeln, Aufstriche

zu bestellen bei Christine Haas, Tel.: 08405 913996
e-mail: Haas-Ch@web.de

Baguette wie vom Bäcker

Bauernbrot

Bierstangerl

Brezensemmeln

Brie-Preiselbeer-Creme

Dinkel-Roggenbrot

Eiercreme

Frischkäse-Dips

Griechische Aufstriche

Herzhafter Aufstrich

Italiano-Creme

Joghurtbrot Fladenbrot

Käsestangen Käsebaguette

Käse-Tatar

Kürbis-Joghurt-Semmeln

Lachs-Ei-Aufstrich

Landbrot Roggen-Mischbrot

Leinsamenbrot

Marm. „Kiwi-Stachelbeer“ / Toastbrot

Maurersemmeln

Milchsemmeln

Nuss-Mandel-Semmeln

Pistazien-Creme

Pizzasemmeln

Sonnenblumenbrot

Südländische Aufstriche

Walnussbrot

Zucchinibrot Tomatenbutter